結婚の自由

「最小結婚」から考える

植村恒一郎
横田祐美子
深海菊絵
岡野八代
志田哲之
阪井裕一郎
久保田裕之

白澤社

結婚の自由――「最小結婚」から考える

目次

結婚の自由――「最小結婚」から考える＊目次

第1章　「結婚」に求めるものは「人それぞれ」
――『最小の結婚』の主要論点

植村恒一郎

はじめに

動物は、発情期になると、オスとメスが交尾し、仔を生み、育てることがある。それは自然なことであるが、それをわざわざ「結婚」とは呼ばないだろう。一方、人間にはどういうわけか「結婚」というものがある。人間にだけ「結婚」が存在するのはなぜだろうか？　たとえば、ある男女が恋をしたら、子どもができた。そして黙って育てた……。これは結婚なのだろうか？　このように考えてみると、「結婚」を正確に定義することはなかなか難しいことが分かる。たとえば、キルケゴールによれば、「結婚」は神が自分の創造した二人の男女を結び付けることだから、キリスト教徒にしか「結婚」は存在しない。日本人はもちろん、ユダヤ人にも古代ギリシア人にも「結婚」は存在しない（『あれか、これか』)。また最近では、多くの国で同性婚が認められているが、それに反対する人も少なくない。つまり、「結婚」の本質は何かということについて、いまだ完全な合意は存在しないのである。

そうした中で、エリザベス・ブレイク『最小の結婚』は(原書二〇一二、邦訳二〇一九)、結婚を包括的に考察し、斬新な洞察にあふれている。著者の主張を一言で要約すれば、以下のようになるだろう。

現代の結婚は、異性恋愛にもとづいて、その延長形態として制度化されているが、それを転換し、結婚を、異性恋愛ではなく友愛を基礎として、人と人とが互いにケアし合う関係性の制度にすべし。異性恋愛ではなく友愛に基礎を置くことによって、結婚における生殖の位置は相対化されるから、結婚においては、⑴パートナーとの関係性と、⑵出産や育児とは、別の要素として分離されるべし。そして、結婚の内容的な多様性が守られるためには、結婚の本質内容の規定は「最小に」留めなければならない(これが「最小結婚」の意味)。**そうすれば、同性婚はもちろん、ポリアモリー(同時複数恋愛)もまた「結婚」に含まれるだろう。**

この主張は、主に以下の論点から成り立っている。

(1)結婚は、恋愛やたんなる同棲の自然な延長ではなく、自由意志にもとづく契約によって成り立つ対パートナー関係であり、それは法的に定義されるべきである。

(2)**結婚の本質的要素は、愛ではなく、ケアであるべき。**

（３）官能的でロマンティックな性愛関係は（ブレイクはそれを「amatonormativity＝性愛規範性」という彼女の新しい造語で呼ぶ）、結婚を構成する要素の一つではあるが、不可欠ではないし、それが結婚において占める比重は人さまざまであってよい。現代の西洋の結婚では、むしろ性愛規範性を求めすぎることの方が問題。

（４）結婚においては、パートナー関係と出産・育児とは、それぞれ別の要素として分離すべき。

（５）人が結婚に求め期待するものは、人によって大きく違う。そのどれが正しいということはなく、それぞれが求めるものをどれも実現できるのが、「公正で正義に適う」結婚である。だから、法的な制度としての結婚は、特定の価値観や人生観にコミットしない価値中立的なものでなければならない。

（６）よい社会とは、人々が「自尊心」をもって生きられる社会であり、自尊心はロールズの言う社会の「公共的な基本財」である。人は他者から承認されることによって初めて自尊心をもちうるのであり、結婚という関係性も、その一番の核は、自分が相手から承認されて自尊心をもって生きられることにある。

（７）結婚は異性恋愛にもとづくのではなく、異性恋愛もその一形態である友愛にもとづくべきである。だから結婚は、一対の男女に限られず、同性婚、一夫多妻婚、多夫一妻婚、複数・複数婚（複数の男性と複数の女性との結婚）、友だち婚など、ポリアモリー（同時複数恋愛）を含むあらゆる可能な形態が、法的に認められなければならない。

本稿では、以下のような構成で、ブレイク『最小の結婚』の主張を紹介し、検討したい。もっとも重要な部分は、第1節の（4）と、第2節の（2）、そして第3節である。ブレイクの引用は邦訳によるが、引用の文脈に適うように補ったり変えた箇所もある。解説やコメントの部分は、新しい例を加えるなど植村の解釈なので、ブレイクが直接言っていないことも含まれる。文中で、たんなる数字だけ示した箇所は、『最小の結婚』邦訳の頁数である。

1　結婚をどのようなものとして捉えるか——哲学的考察

（1）結婚は、恋愛やたんなる同棲とは違うのか

（2）相手への優先的な関与

（3）官能的な性愛と結婚との関係

（4）結婚の基礎は愛ではなくケアであるべき——性愛規範性（amatonormativity）とケアの関係

（5）パートナー関係と出産・育児とは分離すべき

2　結婚をどのように法的に定義するか

（1）どの価値観にもコミットしないのが正義に適う結婚

（2）公共的基本財としての自尊心

（3）結婚は一対一の男女に限らない

１　結婚をどのようなものとして捉えるか――哲学的考察

（１）結婚は、恋愛やたんなる同棲とは違うのか

ブレイクは、「結婚」によって、私にとって「貴方は恋人である」が「貴方は夫／妻である」に変容したとき、私の貴方に対する関係は変わるのだろうか、と問う。「結婚」によって、恋人という関係に、何か新しい契機が付加されるのだろうか？　それとも何かの契機が喪失されるのだろうか？「恋愛は天国、結婚は地獄」（バイロン）という格言もあるくらいだから、結婚が何かの「喪失」である可能性も十分にある。古来、「結婚」は、共同体の承認を得たり、神父や牧師が「結婚」の儀式を行なったり、法律婚として役所に届けたり、つまり社会において生じる何らかの「出来事」であった。あるいは、『源氏物語』では、男が女の所に三夜続けて通うと、「結婚」が成立するとみなされ、四日目には妻の両親も加わって祝いの食事がふるまわれた。また日本では、明治時代までは、神仏などの前で誓ういわゆる結婚式は存在しなかったが、現代の「披露宴」に当たるものは存在し、親戚や友人、近所の人たち等を招待して新郎・新婦を紹介した。つまり「結婚」とは、ある男女関係がただ存在することではなく、そこにある契機が加わって「結婚」になるのである。ではそこに付加された契機と

は何か。ブレイクによれば、多くの場合、そこに付加されたのは「道徳的契機」であるとみなされているという。

道徳的契機とは、「結婚」を成立させるためには、ある自然的な男女関係に、**自由意志にもとづく決断、約束、契約という新しい関係性が付加されなければならない**ということである。たしかに、結婚にはある種の儀式や手続きのようなものがある。新郎新婦が神父の前で誓いを述べ、書類に署名し、その書類を役所に提出したり、家族や友人を式に呼んだりする、つまり新郎新婦以外の他者が加わった人為的な何かが行なわれる。こうして、恋愛はたんなる男女の自然的関係であるが、結婚によって当の男女に、新たな人格と人格の関係性が付加されたとみなされる。しかし、新たに付け加わった人格と人格の関係性の内実は何なのだろうか。

二人のそれぞれの決断が存在することは分かる。また二人の間に契約（約束）という関係があることも分かる。しかし、そこでは何が契約されたのだろうか。あるいはより一般的に言えば、そこでは何が**約束**されたのだろうか。たとえば、キリスト教の結婚式では、神父（牧師）が「新郎〇〇（新婦〇〇）、あなたは〇〇を妻（夫）とし、健やかなるときも、病めるときも、喜びのときも、悲しみのときも、富めるときも、貧しいときも、妻（夫）を愛し、敬い、慰め合い、共に助け合い、その命ある限り真心を尽くすことを誓いますか？」と尋ね、新郎新婦がそれぞれ「誓います！」と答える。神道の結婚式でも、ほぼ似たような約束がなされる。そこでは、言われた内容のすべてを誓うのが普通であり、「そのうちの一部は誓いますが、〇〇はちょっと無理です……」と、部分回答することはまずない。しかしよく考えてみると、ここで神父に言われたことは、約束できることと、できないことの、両方が含まれているのではないだろうか。「愛する」「敬う」というのは、行為の部分もあるが、基本は感情である。相手を「好きと感じ」たり、相手に「尊敬の感情をもつ」のは、自分にとっては受動的に与えられる感情である。相手を好きになろうと意志して好きになるのではなく、気がついたときはすでに好きになっている。人は恋に「おちいる」のであって、恋を意志して恋をするのではない。つまり、愛の感情は自分の自由になるものではない。とすれば、結婚当初は相手に感じていた「愛の感情」がいつのまにか消えてしまい、愛を感じなくなってしまうことは、いくらでもありうる。結婚した夫婦の三割は離婚するし、離婚はしないが愛はなくなっている夫婦も多い。自然人類学者のヘレン・フィッシャーによれば、世界中のさまざまな国で、結婚後四年の離婚が統計的に一番多いという[1]。新婚当時のラブラブの気持ちは長続きしないのだ。「私たちは自らの活動を意のままにすることはできるが、愛情を意のままにすることはできない」（ジェイン・オースティン）。それゆえ、ここで神父の言うような、夫婦が「命のある限り」、互いに愛の感情を持ち続けることは、誰にでも可能なことではない。とすれば、新郎も新婦も、自分のできないことを約束していることにならないだろうか。本来、約束とは、自分に可能なことしか、約束できないのだから。

だが、これには以下のような反論がある。結婚すると、たしかに「官能的でロマンティックな性愛関係（ブレイクの「amatonormativity＝性愛規範性」）には、一定の賞味期限があるとしても、そうした愛は、やがて子どもが生れるとともに、もっと穏やかで成熟した夫婦愛に変ってゆくはずである。この穏やかで成熟した愛ならば、「命のある限り」の愛を約束することができるはずだ。だから、結婚は、生涯続く愛を約束している、と。その反論はこうも述べる、「高鳴るハートや情熱的な抱擁はとても素敵で、実際意志の行為に服するものではないが、そのようなものは結婚の愛の本質ではない。結婚の愛の本質は安定した愛情、互恵的な親切と共感、そして苛立ちを鎮めて仲よくしようとする我慢強い努力になるのだ」[69]。しかし、これに対してブレイクは次のようにさらに反論する。

「たしかに、ロマンティックで性愛的な愛は、短い有効期限のために悪名高い。しかし、より安定した〔結婚の〕愛情もまた、とげとげしくなり、霧消してしまう」。**離婚の多さをみれば、それは明らかではないか**。そもそも人は、結婚においてさえも、**義務感から落ち着いた愛を差し出されることを望まない**。カントの言うように、**愛は命じられることはできない**。義務だからという理由で人を愛することはできないのだ。たとえ結婚における「落ち着いた愛」が恋愛の「ロマンティックな性愛的な愛」とは異なるとしても、それが自己の自由にならないものであることには変わりがないから、結婚においては、穏やかな成熟した愛でさえ、最初から約束することはできない[69]。これに対して、もし愛がなくなったとしても、人は「愛する振りをする」ことはできるはずだ（リア王の二人の姉娘のように）。だから、いったん生涯の愛を約束したら、愛が消えても「愛する振りをするべき」なのだ、それが結婚の契約だ、という反論がありうるかもしれない。それに対してブレイクは次のように応える。「〈恋愛革命〉以降、結婚についての西洋の理解は、決定的な感情的構成要素を伴うことになる。配偶者はたんなる振る舞いを約束しているのではない」[72]。つまり、西洋の結婚式における「愛の誓い」

は、愛という感情こそ結婚の本質であるという前提がある。「一緒に時を過ごすといった特定の行為は一般に約束される。カントが〈実践的な愛〉と呼んだもの、すなわち他者の目的を自らのものとして受け取り、それを推し進めていくよう行為することは、それがまさに感情でないからこそ約束されうる」[76]。つまり、愛の感情でなければたしかに約束できるが、愛の感情は約束できない。ブレイクの結婚論が、最終的には、結婚の本質を愛ではなくケアに求めるのは、ケアは感情ではないから約束できるという含みがある。

以上から分かるように、**恋愛と結婚が違うところは、結婚は、恋愛に対して「永続的な愛の約束」をすることで、人と人との新しい関係性を創出しようとするのだが、しかしその約束は、本来は不可能な約束をしている**、というのがブレイクの考えである。

(2) 相手への優先的な関与

結婚における「永続的な愛の約束」は、たしかに不可能なことであることが分かった。しかし、結婚とは、愛する相手に、他の人とは違った何か優先的な関与をすることを意味しているのではないか？　他者はたくさんいるにもかかわらず、ある特定の個人だけに優先的に関わり、親密な関係を作る。これが愛であり結婚ではないのか。こうした角度から結婚を考察してみよう。

『最小の結婚』第2章は、「How to Commit Marriage」と題されており、邦訳では「結婚にいかに献身するか」と訳されている。commitには「献身」という意味ももちろんあるが、本書の場合は、結婚において特定の相手に「いかにコミットするか」ということが問題なので、小論では、commitは「優先的な関与」と訳しておく。**誰かを好きになるのは、選んでいるのではない。気付かないうちに誰かに優先的に関与している自分を発見するのだ。**ブレイクは「優先的な関与」について、次のように述べている。

「ロマンティック・ラブにおいて、主体は、優先的な関与を選ぶというよりも発見するのだ。……〔プルースト『失われた時を求めて』の主人公〕マルセルは〔少女〕アルベルチーヌを何年にもわたって知っていた。突然マルセルは、他の誰でもなくアルベルチーヌなしには彼が生きていけないことを認識する。それが雷のように彼を打ちのめす」[89]

「〔結婚の誓いのような〕約束は時間上の一点の言語行為だが、優先的な関与を続けることは、安定した心理状態としての気質だから、長い時間にわたるもの。しかし、気質が生じたと言えるにはどのくらいの時間の持続があればよいのかは、何ともいえない」[87f.]

相手に優先的に関与している自分を発見するのにどのくらいの時間を要するかは、人さまざまである。ロミオとジュリエットのような一目惚れもあれば、友だちとして付き合っているうちに次第に愛の感情に変容してゆくこともある。見合い結婚の多くは、たぶんそれに近いだろう。いずれにしても、相手に優先的に関与している自分を発見するまでの時間は、本当にさまざまであり、愛は徹底して受動的な経験であり、いわば恩寵のようなものである。だから恋愛においても、結婚においても、愛の持続については「約束」することはできない。

「私たちが、生活において、芸術において、愛において、気遣うものは、私たちのもっとも深い優先的な関与の多くを形づけるが、これは選択の問題というよりも、ある種の美や恩寵や価値といった、自らに見ることも見ないことも強いることができないものに、打ちのめされることの問題なのだ」[91]

以上から分かるように、他者への優先的な関与としての愛は完全に受動的なものであり、「愛さなければいけないから」という道徳的理由や、「愛することは自分に利益があるから」という打算的理由とは無縁である。そのことが、結婚における愛の持続の個人差と大きく関わっている。

「優先的に関与することには、決定的な道徳的もしくは打算的な理由はない――愛の関係においてさえも。愛は優先的な関与を伴い、結婚への優先的な関与は、無条件性と排他性を伴うと主張する人もいたが、優先的関与自体も愛もどちらも、このようなもの［結婚］を必要としない」[93]

我々は愛において、ある特定の個人に優先的に関与し、それはさまざまの時間的持続をもちうるが、しかしそれは、**結婚によってそうなるのではない**。だから、優先的な関与とその時間的持続の根拠を、結婚に求めてはならない。

「優先的に関与することが、気遣うこと［相手が気になる］や、価値を認めること［相手が美しい、可愛い、凄い、男らしい等々と感じる］といった非自由意志的な構成要素を持つ限りにおいて、**人は［ある特定の人に］優先的に関わるような責務を課されえない**」[94]

ある特定の人と優先的に関わる責務を我々はもっていない。誰とも優先的に関わらないこともできるし、ある特定の人と優先的に関わることも、それをやめることもできる。たしかに愛は「陥る」ものではあるはが、陥った後で、その危険性に気付いて拒絶することもできる。

「優先的に関わることには、自由意志的な要素がある。優先的に関与することは、私たちにたんに降りかかる［だけの］ものではなく……、それを拒絶することを選びうる。私は自らが危険にもしくは不適切に恋に落ちていることに気づき、その愛に背を向けることができる」［9］

優先的に関わることは、たしかに最初は受動的な経験として与えられる点で非自由意志的だが、しかし、それを直ちに打ち切ることも、それを続けることもできるという点で、その時間的持続については自由意志的な要素がある。このことが、結婚を考えるうえで非常に重要になる。たとえば、恋愛をして長い間同棲しているが、結婚はしたくない、あるいは将来も結婚はしたくない、という恋人たちもいるだろう。あるいは、恋愛し、期待した通りの将来のパートナーが見つかったと感じるので、すぐにでも結婚しようとする恋人たちもいるだろう。この違いはどこからくるのだろうか。また、どちらかが「正しい」愛で、どちらかが「正しくない」愛なのだろうか。ブレイクによれば、これは正しい愛／正しくない愛の違いではない。人の性格と性向はさまざまであるから、愛もさまざまな時間的持続をもつ、という違いにすぎない。

「一部の哲学者と自由恋愛の伝統は、責務は愛にとって忌み嫌われるものであり、愛は本性的に自発的なものだ、と述べてきた。結婚は、「契約を受け付けない」人々、責務によって特徴づけられる人間関係を好まない人にとっては、つり合いの取れない重荷になる。……しかし、長期の排他的で親密な伴侶関係に強い選好を持ち、競合する選択が比較的弱い人々にとっては、結婚は選好を満足させるための合理的な戦略である」［107f.］

結婚は、ある特定の人との優先的な関与であり、しかも、一定の時間的持続を明示的に約束するという要素を含んでいる。だが、そもそも人間関係というものを、「こうすべきだ」とか「約束したから」という責務によって特徴づけられることを好まない人もいる。そういう人にとっては、結婚は重荷であり、好ましいものではない。反対に、時間的に持続する親密で排他的な伴侶関係がもともと好きな人もいる。そういう人にとっては、たんなる同棲よりは結婚の方が合理的な選択であり、より好ましいものである。この二つのタイプの人々のどちらが正しいということはない。しかし考えなければならないのは、後者の長期的な優先的関与を好む人々にとってさえも、離婚の多さを考えると、結婚は実は合理的な選択ではなかったのではないか、という疑いがあることである。『最小の結婚 Minimizing Marriage＝結婚を最小にすること』というタイトルは、ブレイクのそのような問題意識も反映している。

そもそも、ある特定の人に優先的に関わることだけでなく、**優先的に関わらないということも**、それ自体が受動的な経験であり、非自由意志的なものである。人は誰もが恋愛するわけではないし、そもそも恋愛は誰もができるものではない。チェーホフ『三人姉妹』の三女イリーナは、結婚式の前日、婚約者に「君は僕を愛していないね」と言われ、「私は生まれて一度も人を愛したことがありません」と泣く。**恋は「陥る」ものであり、受動的な経験であるということは、逆に、恋に「陥らない」ことも受動的な経験であり、自分の自由にならないことを示している。**一度も恋をしたことのない人が結婚したいと思うならば、見合いをするだろう。見合い結婚とは、優先的な関わりを自由意志で作り出すことである。つまり、恋に陥る／陥らないという受動的経験を、持続的な優先的な関与＝結婚に変容させることは、非自由意志的な要素と自由意志的な要素の両方が関わっている。ここに「結婚」という問題の固有の難しさがある。

（3）官能的な性愛と結婚との関係

ブレイクは、恋愛に、何が付加／喪失されたら結婚になるのか、という形で問いを立て、考察を始めた。しかしこのように問いを立てられるのは、たかだか二百年くらい前からにすぎない。恋愛・性愛・結婚の三位一体という「ロマンティック・ラブ・イデオロギー」は、西洋の一八世紀終り頃に発する新しい発想である。レヴィ＝ストロースが発見した婚姻の法則「母方交叉イトコ婚」が示すように、ヒトの有史以来、結婚とはまず何よりも、家父長制を維持するために父親が娘を贈与・交換する制度であり、結婚の目的は生殖であった。新郎と新婦の愛の感情も少しは考慮されたであろうが、結婚に不可欠の条件ではなかった。それどころか、若者が恋愛によって結婚相手を自分で見つけてくることは、共同体の秩序を破壊する危険なこととみなされた。一八世紀末になっても、英国の保守思想家エドマンド・バークは、ルソーの『新エロイーズ』を激しく非難し、娘たちが結婚相手を自分で見つけ、結婚を自分たちで決めるようになったら「国が亡びる」とまで言っている（『フランス国民議会議員への手紙』、一七九一）。結婚とは、家を継ぐ男子を産むこと、つまり生殖を目的とするものだから、恋愛はあるべき結婚の敵なのである。ジンメルもまた、「結婚はしばしばしば本来のエロス的理由以外の諸理由で結ばれ、その生きた流れをしばしば沈滞させてしまうか、あるいはその個別性を強固な伝統や合法的な残酷さで打ち砕いてしまうか、どちらかである」（『現代文化の葛藤』、一九一八）と述べて、エロス的恋愛と結婚との矛盾を指摘している。

とすれば、恋愛に何が付加／喪失されたら結婚になるのかというブレイクの問いの新しさを、まず確認しなければならない。フーコー『性の歴史』第４巻は、その大部分がアウグスティヌスの結婚論の解明であり、アウグスティヌスは、キリスト教の結婚論を事実上完成させた哲学者である。キリスト教では、一方には、アダムとイヴの「原罪」すなわち「セックスは悪である」という命題があり、しかし他方には、結婚＝生殖がなければ人類は生存できないのだから、そのための「結婚は善である」という命題とが対立している。しかもカトリックでは「聖職者の独身」という命題も加わるので、性愛と結婚との関係づけは、アウグスティヌスが苦闘したように、かなり複雑な哲学的理論化を必要とする。そして現代においても、トマスに由来する新自然法主義の結婚論は大きな影響力をもっており、ブレイクも、新自然法主義や保守派の思想家たちに対抗して、性愛と結婚との関係を理論化するために苦闘している。以下にそれをみてみよう。

バークが恋愛を結婚の敵とみなしただけでなく、たとえばヘーゲルは恋愛を敵視しないまでも、結婚は本来、恋愛結婚よりは見合い結婚が望ましいと考えた。キルケゴールのように結婚は必ず恋愛に基づかなければならないと主張したのは（『あれか、これか』）、哲学者の結婚論としては、ジンメル等を含めても、むしろ少数派かもしれない[2]。一方、ブレイクは、「官能的でロマンティックな性愛関係（「amatonormativity ＝性愛規範性」）は結婚を構成する望ましい要素ではあるが、不可欠のものではないと考える。なぜなら、これから見るように、結婚の基礎にあるのは「愛」というよりは「ケア」だからである。しかしまずは、保守派の哲学者たちによる、官能的でロマンティックな性愛と結婚との関係づけに対する、ブレイクの批判をみてみよう。保守派の哲学者たちも、さすがに現代においては、官能的でロマンティックな性愛それ自体を批判するものではない。アダムとイヴの「原罪」を認め、セックスそのものを悪とする哲学者はさすがにいない。ただし、セックスは生殖のためにのみ存在するものであり、したがって結婚した男女にのみ許される、というのが彼らの主張である。結婚した男女のセックスは善であるが、そうでない男女のセックスは悪である、というのが彼らの共通見解である。要するに、セックスを結婚という枠の中に厳格に閉じ込めようとしているわけだ。ロジャー・スクルートンのような哲学者は、おせっかいにも、結婚のみが「官能的でロマンティックな性愛」を可能にすると主張している。こうした主張に対して、ブレイクは詳細に反論する。性行為は一夫一妻の結婚においてのみ許され、**結婚だけが性交を道徳的なものに変える**という考えは、⑴カント、⑵新自然法論者、⑶ロジャー・スクルートンなどによって強力に主張されているからである。

⑴カント

まずカント（一七二四 - 一八〇四）が、結婚においてのみ性行為が許されると考える理由は次のとおり。すなわち、**人間はつねに目的として扱われるべきであり手段として扱われてはならないが**、性行為においては、相手に自分の性器を道具的に手段として使わせるという例外的なことが生じている。この例外が許されるのは、二人が対等な人格として相互に信頼し、**自分の性器を相手のみに使わせ、他の人には使わせないことを約束する**という、自由意志による契約を締結する場合のみであり、この契約が結婚の実体である（『人倫の形而上学』）。夫婦のこの契約によって、性器の独占的相互貸借には、相手の身体や心身を傷つけてはいけないという義務が生じる。それはちょうど、物件の貸借においては、他者から借りた物件を大切に使い、壊してはいけないのと同様である。このようにして、性行為が心身を傷つけるリスクは、結婚という正式の契約によって、性器の安全な使用の義務という一種のセーフティネットが与えられることになる。

　これに対して、ブレイクは反論する。互いの性器を大切に扱わなければならないというセーフティネットは、何も結婚によって初めて与えられるわけではない。スポーツや手術などにおいても、相手の身体が傷つかないように、繊細な配慮がなされる。性行為も同じであり、結婚していない性交には配慮や敬意がなく、結婚した性交には配慮や敬意があるということはまったくない。女性を乱暴に扱う恋人は、結婚してからも妻を乱暴に扱うだろう。

　とはいえ、カントの主張は、セーフティネット云々というよりは、そもそも性交それ自体が、身体の一部を手段として用いることによって、人間の人格的尊厳を傷つける、という点にあった。**人格的信頼にもとづく夫婦の結婚だけが、性交による尊厳の傷つきを緩和する**、というのがカントの真意である。

「カントの主眼は、性行為の有害な帰結にあったのではなく、人格に対する欲求としての性的欲望が、道徳的な尊厳をいかに打ち砕いてしまうかということにあった。……性的欲望は本質的に敬意の欠落を内包するものである」〔123f.〕

この点についてブレイクは次のように考える。

「**性的親密性**は、たしかに特有の道徳的リスクを生じさせる。たとえば、他人に見えない場所で二人きりになるとか、互いに裸になるとか、身体が相手に対してもっとも脆弱な姿勢になるとか。……だから、性的親密性には、通常の場合よりも相手に対する敬意を維持するための多くの努力と判断が必要になる。友情の場合を考えれば分かるように、親友になれば相手の知られたくないプライバシーも知るから、配慮と敬意がより必要になる。他者に対して親密性が高まれば、悪徳（干渉、残虐、無神経）の可能性も高まるから、それに応じて敬意の必要もより高まる。そして性的親密性や性交では、このような敬意と配慮がもっとも必要になる」〔124〕

しかし重要なことは、**こうした敬意と配慮は、徳や倫理の問題であり、結婚という制度によって与えられるものではない**。

「法律婚は正義の制度である。しかし徳は行為者の内的な心理状態に関わるものであり、それは結**婚などの外的な法規制によってはもたらされない**のである」〔127f.〕

⑵新自然法論者

次に新自然法論者についてはどうか。新自然法論者は、結婚は「基本的な人間の善」を実現すると考える。すなわち、

「性行為は生殖の善と結びついている。生殖には育児が含まれ、子どもは両親を必要とする。したがって、両親がともに育児に献身する関係においてのみ、性行為はその善を適切に達成することができる（つまり、そこでのみ許される）。この関係とは結婚であり、……婚外の性行為、もしくは生殖を伴わない性行為は、この目的の達成を妨げてしまう」［128f.］

性行為とは、育児を含む生殖という人間の善を現実化するためのプロセスだから、**婚外の性行為はもちろん避妊もしてはならない**。そして、同性愛は生殖に結びつかないから悪である。これは、現在でもカトリックの基本的教えである。新自然法論者のジョン・フィニスは、婚姻外の性行為は仮に自分がしなくても、他人にも認めてはならないという。

「婚姻外の性行為が［現実に］蔓延しているからといって、配偶者がそれを理論的に容認するならば、それはただの傍観者にすぎない夫婦をも害してしまう。婚姻関係なしの性行為をたんに認めることだけでも、それは道具的理性のために性行為をしたいという一種の仮説的な意志を表明することになるため、結婚の献身の配偶者の能力を害する。〈彼らがやるぶんには問題ない It's OK for them〉という考えは、問題の行為には何らかの価値があるという判断を伝えることになる」［131］

結婚外の性交は、自分がやらないだけでなく、他人がすることも認めてはならないのである。これ

らに対するブレイクの反論は以下の通り。

①性行為は、生殖という善に結びつかない限り、それ自体としては悪であるというのはおかしい。「快楽、コミュニケーション、情動発達、人格の安定、長期的な陶冶といった善は、同性や未婚の性関係にも見出すことができる」［132］

つまり、性行為は、人間の性的な成熟をもたらすものであり、それ自体がパートナーとの間のすばらしい身体コミュニケーション、相互理解であり、だから、同性間はもちろん、不妊の男女、結婚前の男女においても、性行為はそれ自体の善をもっている。だからこそ、生殖には直接関わらない彼らにも、性行為を認めなければならない。

②そもそも男／女という二分法、「性差」の成立じたいが社会的なものである。自分が男／女であるということは、生物学的事実そのものではなく、自分が男／女として、そのアイデンティティを引き受けることである。これが人間の性差であり、動物の性差と違う点である。性同一性障害がそれを証示している。

「性差は統計的な一般化である。現実には、インターセックスの者も含め、個人は連続体に沿って分布している。……最も重要なのは、友情、愛、そして誠実さは、心理的・感情的な状態であり、これらに特徴的な態度は、当事者たちの生物学的な在り方には左右されない。……友情、信頼、忠誠心、一体感、そして相互のケアという思いやりは、結婚の外部に存在しうる。結婚制度はこれらにとって必要でないばかりでなく、十分でもないのである」［134］

(3) ロジャー・スクルートン

では次に、現代の哲学者ロジャー・スクルートン（一九四四～二〇二〇）の見解を見よう。彼の見解は、カントとも新自然法論者とも違う。彼によれば、官能的な愛（erotic love）は結婚においてのみ開花するのであり、**我々人間にとってもっとも大切な自己実現であり他者からの承認である「官能的な愛の開花」のためにこそ、結婚という制度がある**。これは珍しい主張で、従来、モンテーニュなどは、官能的な愛の開花には一夫一妻制の夫婦は最適ではなく、夫にも妻にもそれぞれ愛人が必要だと説いてきた。そして実際にヨーロッパの貴族たちは、そのような性道徳を生きてきた。また『源氏物語』や『失われた時を求めて』などをみても、官能的な愛が開花するのは、一夫一妻制の結婚のもとではない。スクルートンの主張はそれらと真逆である。しかし彼は自分の主張を以下のように根拠づける。「官能的な愛の開花には、他者の介入を排除するプライバシーや秘私的な空間が必要である。恋愛だけだと、周りは好奇心一杯なので、いろいろ覗かれたり、うるさく干渉されたりするが、**結婚すればそれはなくなる**」［136］

「**我々が自分の性的な特質を「誤用」すると、官能的な愛の能力を破壊し、愛の開花をさまたげてしまう。このような「誤用」は悪徳であり**、たとえば、ポルノ、売春、同性愛、マスターベーション、乱交、倒錯などである。このような性的特質の「誤用」を起こさないためには、貞潔な愛を欲望するように自分自身をしつけなければならないし、有徳なセクシュアリティを社会的に保障するように制度的圧力が必要である」[136]

以上に対してブレイクは、次のように反論する。

性的親密性を実現するにはプライバシーが守られることが必要だが、それは物質的な条件の問題であり、結婚によって与えられるわけではない。[また、週刊誌が有名人の不倫報道に熱心なように、未婚者よりも結婚した夫婦の方がプライバシーを監視される]。ブレイクは言う。

「官能的な愛と開花が、そうしたプライバシーを必要としているということも明確ではない。世論を前にしてよりいっそう強固でいられる恋人同士は、好奇心や嫉妬、そして侵害に対して社会的防衛を必要とするほど関係が脆い恋人同士の関係よりも、その気質において、より有徳で、開花しやすく、安定している可能性がある」[138]

たとえば、素敵な恋人が出来た場合、ふつうは彼氏/彼女を連れて出歩きたくなるのではないか。友達に彼氏/彼女を見せびらかして、羨ましがらせたくなるだろう。官能的な愛の開花は、必ずしも他者の眼差しを遮断することを求めるものではないだろう。

もう一つ重要な反論としてブレイクはこう述べる。

「結婚は本当に官能的な愛を促すものだろうか? 異性間の一夫一妻制という制度を敷いている社会には、そうでない社会よりも多くの官能的な愛があるのだろうか? 世間一般の常識だけでなく、生物学や社会科学も、**たとえ結婚がどんな目的に適うものであろうと、生涯にわたる性的欲望の持続には特に適していない**という見解を示している」[139]

フィッシャーが述べたように、「ときめき」は数年で消え、離婚は結婚四年後が一番多い。これが真実。

「官能的な愛はおそらく、限られた期間の結婚、財産の取り決めのない結婚、同性婚、一夫多妻制など、さまざまな制度において開花する可能性がある。……根本的な問題は、一種類の関係の中でしか人は開花できないのか、ということだ。官能的な愛に関しては、千種類の花が咲く――すなわち、人はさまざまな方法で開花する――と考える方がより妥当である」［139］

「経験的事実にもとづけば、人類学の知見や周りを見渡しても、人間はさまざまな恋愛関係で幸福になりうることが示唆されている。……現行の婚姻法は、すべての人にひとつの形態の関係を処方していることによって、生きていくうえでのさまざまな試みを禁止し、それによって一部の人の開花を制限している」［139f.］

さらにスクルートンは、結婚がプライバシーのための私的空間を保証すると言うが、その私的空間は、ＤＶなどの暴力、虐待、服従に道を開くものであることをまったく見ていない、とブレイクは批判する。結婚の中でこそ、もっとも虐待は多発している。［138］

以上をまとめて、ブレイクはこう結論する。

「個人の愛は、さまざまな関係の中で開花しており、また彼らの性的行為は、同意にもとづく成人のパートナーを、ケアと敬意をもって扱う限りにおいて、許されるということだ。［生殖のための結婚のような一つのモデル枠を作って」すべての人を一つの関係のモデルに導くことは、開花ではなく、不幸に導くレシピである」[142]

結婚は、「成人のパートナー同士を、互いにケアと敬意をもって扱う」という、その一点だけの規定から成り立つべきであり（＝「最小結婚」）、それ以外に各人のそれぞれ異なる価値観にもとづくさまざまな「モデル」を押し付けるべきではない。

（4）結婚の基礎は愛ではなくケアであるべき
——性愛規範性（amatonormativity）とケアの関係

以上で、官能的でロマンティックな性愛と結婚との関係を見たが、本節では、ブレイクの結婚論の核心である、ケアについて見ていきたい。結婚の基礎に置かれるべきものは、愛ではなくケアである、というのが彼女の主張であるが、まず「ケア」とは何であろうか？　ブレイクがケアを定義する最初に挙げるのは「親密性 intimacy」である。

「本章では、親密性 intimacy ——当事者たちが互いを熟知していること——というケア関係に着目していく」[145]

「ケアは、感情と行為の両方を含んで、相手を大切にすること、気に掛けること、世話をすること、その人のニーズに応えて福利を促進することが一体になったものである」[146]

「ケア」とは、親密な、すなわち、時空的にきわめて近い、心身の接触や触れ合いからなる人間関係である。「ケア」は、人と人とが時空的に身体を接触し、生きるための不可欠で根源的な相互行為である。たとえば赤ん坊の授乳、オムツ替え、ケガ人の傷の手当、自力で飲食できない病人の口に手で飲食物を届けること、歩けない人を支えて歩行させること、赤ん坊にキスをすること、赤ん坊や体の弱った人、悲しみに沈んでいる人を抱きしめること、親しい友人とのハグ、そして恋人たちの抱擁、キス、性交、出産などはみな身体の接触であり、「ケア」である。つまり**「ケア」とは、人が生きることを根源的に支える身体と身体の親密な接触、と定義することができる。**

そして、ケアが身体と身体の親密な接触であるならば、それは生きることを支えるものであると同時に、それが親密な接触であるがゆえに、容易に相手の身体を傷つけることもできる。愛撫は容易に暴力に転化することができるから（DVの多さ）、ケアは、徹頭徹尾、細心の注意をもって、**正義**に支えられていなければならない。ブレイクは「ケアは正義の文脈においてのみ価値がある」［145］と言う。

そして、結婚の基礎にあるものをケアとすることがいかに適切であるかは、たとえばカントの結婚の定義をよく考えてみれば分かる。カントは結婚を「生殖器の独占使用貸借契約」と定義した。これはカントが、結局のところ、結婚を、生殖を目的とするものとして定義しているように見える。しかしもしそうだとすれば、これは狭すぎる定義である。なぜならほぼ十組に一組の夫婦は性交を行なっても妊娠することができない。男性の身体的理由と女性の身体的理由とが、ほぼ半々で、妊娠が不可能になっていると言われる。では彼らは結婚する資格がなく、結婚してはならないのだろうか。さすがにカントはそうは言わない。妊娠しないのは本人の責任ではないからである。カントにおいて、結婚における義務は性交までであって、妊娠ではない。これは、ある意味では（カント自身の直接的意図はともかく）、カントが暗黙には、結婚を生殖によってではなく、ケアとしての性交によって定義していたとみなすこともできるだろう。生殖は結婚の必要条件ではないのである。そして、現代の観点から言えば、結婚を生殖ではなくケアによって定義するならば、同性婚も認めることができる。ブレイクが結婚をケアによって定義したことは、「結婚」の一般通念を根底から変えるような重要な洞察なのである。

それは、従来のように、結婚を「愛」によって定義するよりも、さらに適切な定義といえる。「愛」という概念は、たしかにケアと一部重なってはいるが、まだ抽象的すぎる。一般概念としての「愛」はたしかに「性愛」を含んでいるが、「愛」の外延はもっと広く、「性愛」は「愛」の外延の一部でしかない。西洋の概念で言えば、「エロス」としての愛は、ケアの一部である性愛を含むが、キリスト教で言う「アガペー」としての愛は、性愛を意味しない。しかし、「アガペー」としての愛は性愛よりももっと広範なケアを含んでいる。つまり「ケア」は「アガペー」と「エロス」という二つの愛が交差する位置にあるから、抽象的な「愛」よりは、結婚を定義するさらに適切な概念であると言える。「ケア」とは、人の身体と身体の親密な接触によって、人の生を全体として支える相互行為である。「ケア」は性愛や性交を含むが、しかし我々は性愛と性交だけで生きているわけではない。生を支える不可欠な要素はもっと多く、それが「ケア」である。「ケア」とは、ブレイクが言うように、**「人と人とが親密性 intimacy によって互いを熟知し、我々の感情と行為の両方を含んで、相手を大切にすること、気に掛けること、世話をすること、としての身体の接触」**である。

結婚を「愛」ではなく「ケア」によって定義することによって、結婚が正義と一体のものであること（＝たとえば、性交や愛撫やケアは相手を傷つけてはならないこと）、つまり、結婚のもつ倫理性が正確に見えてくる。なぜなら**「ケア」は、人間の身心の「弱さ、傷つきやすさ vulnerability」「壊れやすさ fragility」に対応しようとする相互行為であり、そこに主眼がある**からである。赤ん坊や病人、ケガ人、老人だけでなく、人は誰もが、身心の傷つきやすい存在であり、他者によるケアなしに生きることはできない。その意味では、**人間の生は完全に自律してはおらず、他者に依存する側面を必ずもっている。だからケアという行為には、それ自体に倫理性がある。**それに対して、結婚を、「エロス」すなわち「性愛規範性 amatonormativity」によってのみ定義すると、身心の弱い側面、傷つきやすさはあまり視野に入らず、結婚の倫理性が正確に見えなくなる。アポロンやヴィーナスなどギリシア彫刻の男女の美しい裸体が示すように、何といっても「エロス」には、人間の身心の「輝き」「健康」「強さ」等がある。しかし人間の身心には、輝きと同時に影があり、**人間の生命は強さだけでなく弱さも抱えている。結婚の一番基礎にあるべきものがケアであるのは、**そのためである。

このように、結婚の基礎にあるのは親密性にもとづくケアであり、親密性にもとづくケアには大きな価値があるからこそ、結婚にも価値がある。では、次に考えるべきことは、親密性にもとづくケアは、はたして結婚においてのみ現実化するものだろうか？　否、まったくそうではない、というのがブレイクの洞察である。それどころか、結婚においては、エロス的愛すなわち性愛規範性を通じて、そうした親密なケアが現実化すると一般には考えられているが、実はそれも間違っているというのがブレイクの主張である。

「ケア関係は、道徳的に支持される動機と、他にないきめ細やかな道徳的行為の機会を生み出すものとして価値がある。さらにケア関係は、そのようなきめ細やかなニーズの充足と幸福の促進を可能にするので、高度の福利を作り出すかもしれない。……ケアの価値をこう分析すると、結婚がケア関係を促進する限りで、結婚に条件つきの価値を認めることが可能になる（ただし、これらのケア関係が正義にかなっていることが条件である）。**しかし現在の結婚では、ケア関係を効果的に促進することはできない。多くの実際の結婚にはケアが不足している**」［154］

この最後の文章が、ブレイクの主張のポイントである。では、なぜ彼女はそう考えるのだろうか。まず、多くの人は性愛規範性が結婚の核であり、結婚における一番重要な要素であると考えている。その結果、結婚において、性愛規範性以外の要素が見えなくなってしまっている。だから結果として、結婚において十全な親密ケアが実現しないことになってしまう。

「**正義にかなったケア関係に価値があるのであれば、それが結婚の中にあっても外にあっても、またどんな形態をとろうとも、価値があるものとして認められるべきである。しかし結婚は、一種類の**

ケア関係だけを奨励し、その他の多くを犠牲にしてしまう。私たちの文化は、……他の親密な結合を承認することを犠牲にして、一対一の恋愛関係に焦点を当てる」〔156〕

「一種類のケア関係」とは「一対一の恋愛関係」すなわち、エロス的な「性愛規範性」のことである。つまり、エロス的な性愛規範性がいわば結婚を乗っ取ってしまうことが、結婚における親密なケアの実現を阻んでおり、結婚を貧しいものにしているのだ。では、そのように悪者にされる「性愛規範性」とはいったい何であろうか。ブレイクの記述を完全な形で引用しよう。

「私たち現代人は、歴史上まれにみるほどに「愛を人生に不可欠の血漿」とみていると言われる。結婚と友愛的なロマンティックな愛に特別の価値があるという信念は、他のケア関係の価値を見落とさせる。私は、結婚および性愛的に愛し合う関係を特別な価値がある場所とみなすこの不均衡な焦点化と、ロマンティックな愛が普遍的な目標であるという想定を、「性愛規範性 amatonormativity」と呼ぶ。これは、中心的で排他的な恋愛関係こそが人間にとって正常であり、また普遍的に共有された目的であるという想定、そしてそのような関係こそが規範的であり、他の形よりも優先して目指されるべきであるという想定からなっている」〔157〕

ブレイクは、「性愛規範性」を批判するのだが、その理由は、ヨーロッパにおける一八世紀末の「恋愛革命」、そして二〇世紀の「性革命」「性解放」以来、我々の社会のほぼすべてで「性愛規範性」が高く評価され過ぎており、それが結婚を歪めるだけでなく、我々を不幸にしているからである。アメリカなど西洋では「カップル文化」が定着しており、恋愛の異性パートナーがいないような人間は、人間として劣っているとみなされる。

「恋愛関係の外にいる人々は、広く流布している否定的なステレオタイプにさらされる。……不完全、未成熟、無責任［な人々である］と判断される。……未婚の女性は、孤独で、必死に愛を求めており、ぽっかり心に穴があいた生活を猫で慰めているとステレオタイプ化されている」［163f］

「人生の正しい道筋はそのようなロマンティックな愛の関係の中にあり、そしてロマンティックな愛は普遍的な目標であり、その関係にない人たちはそれを求めていると想定している」［165］

「性愛規範性は、恋愛と結婚以外の関係を、文化的不可視や二次的なものに追いやることによって、徐々に蝕んでゆく」［171］

「「性解放」はいつも、こうした努力の目的は個人のより豊かでより善い性的行為を可能にすることであるという前提にその焦点が絞られてきた。しかし、**多くの人が耐えがたいと感じる性規範の一つの側面は、人は性行為をする「べきである」という前提そのものである**」［174f.］

「人は性行為をするべきである」という規範や要求は、いったいどこからくるのだろう？　生殖は、自分も生殖によってこの世に生まれた人間の義務であり、性行為も義務である、ということだろうか。カントは「結婚」を「性器の独占使用貸借契約」と定義しているから、結婚においては性交を義務とみなしている。しかし、恋愛においては、カントはもちろん一般に倫理学において、「恋愛において性行為をすべきである」とか「恋愛において性行為は義務である」などとは言われないし、普通の人々もそうは考えないであろう。従来の倫理学では、先にみたように、カント、新自然法主義、スクルートンなどは「性行為は一夫一妻制の結婚に限るべきである」と熱心に主張したが、それは逆に言えば、「**恋愛においては性行為をすべきではない**」を意味していた。

ブレイク自身は、前に見たように、性行為は、人間の性的な成熟をもたらすものであり、それ自体がパートナーとのすばらしい身体コミュニケーション、相互理解であり、だから、同性間はもちろん、不妊の男女、結婚前の男女においても、**性行為はそれ自体の善をもっている**と考える。

「快楽、コミュニケーション、情動発達、人格の安定、長期的な陶冶といった善は、同性や未婚の性関係にも見出すだすことができる」［132］

ブレイクは、性愛規範性のように「人は誰でも性行為をすべきだ」とは言わないが、どちらかといえば性行為はそれ自体が善なのであるから、たとえば結婚との関係でいえば、身体のコミュニケーション的な意義、すなわち性的身体の互いの相性のよさを確認するという点で、未婚の恋愛段階から性行為はあった方がよいことになるだろう。

ブレイクが性愛規範性を批判する理由は、それが抑圧的に働くことがありうるから、すなわち、結婚の基礎である相互ケアに関しては、友愛もまったく同じだけ動機づけることができるのに、友愛を押しのけて、恋愛（の相手）だけを優先するからである。恋愛は、相手に対して「この人をこそ！」という求心性・独占性があり、他の人を排除してしまう。

「性愛規範性は、友人関係よりも結婚や恋愛関係に価値をおくべきであるという信念を支持しており、これは永続的な友情を追い求めようとする試みを頓挫させる」［173］

「友人関係と成人間のケア・ネットワークは、その機能と感情的な重要性において、恋愛関係と同等である」［166］。にもかかわらず、「こうした恋愛関係は、友情に比べて不当に特権化されている」［158］

「子どものいない結婚や恋愛関係にあるパートナーシップには社会的な地位が与えられているが、友人関係には与えられていない」［163］

「性愛規範性は恋愛関係と友人関係の価値を区別するが、これは誤りである。友人関係やポリアモリーにおいて相互にケアを引き受けることは、排他的な恋愛関係においてケアを引きうけることと同等の価値がある」［166］

「人々が満足を感じられると主張する関係にはさまざまな種類のものがある。……友人は見かけ上は、ある善（たとえば恋愛にまつわる強い感情のような）を欠いているように見えるが、恋人もまた同様にある善（落ち着いて束縛的でないような友情のような）を欠いている」［167］

「性愛規範性による差別は道徳的に誤っている。……個人を恣意的に不平等に扱い、ある人々には害を与え、別の人には利益を与えるような社会的区別は、平等な敬意を根本的に欠いている」［169］

要するに、恋愛は、相手だけを、自分にとっては他の人よりもずっと重要な人として扱うから、それは原理的に、他者を不平等に扱うことである。**そのことが、相互ケアの相手を狭く限定してしまうというマイナスとして働く。**以上が、ブレイクが結婚を、恋愛にもとづくことから、友愛にもとづくことへと転換しようと考える理由である。

ところで、恋愛よりは友愛を、というブレイクの主張には、暗黙の前提が一つあるのではないだろうか？　それは、恋愛は原則として性行為を含むのに対して、友愛は性行為を含むとは限らない、というより普通は含まないから、結局、両者の違いは、生殖があるか／ないか、という違いに帰結するように思われることである。そのことは、結婚において、どのような帰結をもたらすだろうか？　ブレイクの主張は一貫しており、結婚においては、①パートナーとの関係性と、②出産、子育てのプロセスとは、完全に切り離すべきだ、というのがそれである。

（5）パートナー関係と出産・育児とは分離すべき

男女の恋愛にもとづく結婚から、男女を問わない友愛にもとづく結婚に転換した場合、従来とは違って、生殖の有無が課題として前景化するだろう。**従来、結婚と出産・子育てが連続的に捉えられてきたのは、結婚を一対の男女のものとする前提があったからこそで、**その前提が変れば、当然ながら、結婚と出産・育児との関係も変るからだ。ブレイクは、結婚におけるパートナー関係の契機と、出産・子育ての契機とを分離することを提唱する。プラトン『国家』のアイデアの一部を、変形して採用するような趣もあるが、ブレイクは言う。

「私の見解では、養育を規制・支援する法的枠組みから、成人間のケア関係を設計・支援する法的枠組みを分離すべき理由がいくつかある。第一の理由は、成人間の関係の内容は契約的に選択されることを自由は要請しているが、これに対して［子どもに対する］親の責務は強制されるべきだからである」。「また第二の理由は、結婚に付随する諸便益を結婚の外にいる子どもたち――米国の子どもの三分の一である――に提供することを可能にするからである。夫が稼ぎ、妻は専業主婦という世帯の子どもは米国の世帯の四分の一しかいない」［252f.］

理由は非常に明快で、自分たちの意志で結婚する成人のパートナー間においては、性愛や親密性に関わるケアについてはそれぞれに志向や嗜好が異なるさまざまな内容があるから、どの内容にするかは結婚する当事者がそれぞれ選んで、合意し、契約するというのが正義にかなったケアである。それに対して、子どもは自分の意志で親を選んで生まれてくるわけではない。したがって、子どもは親と契約してケアを受けるのではなく、誰が与えるにせよ絶対的にケアを与えられなくてはならない存在だから、育児に関するケアは、親におけるパートナーとしての契約によるのではなく強制的にケアが与えられるのが正義にかなったケアである。換言すれば、生物学的親によってではなく、社会的親によってケアを受けるのが正義にかなった育児というケアである。そして現在、アメリカの子どもの三分の一は、制度上は未婚の親に育てられている。三分の一の子どもたちに、より良い育児を可能にするためには、パートナー関係という意味での結婚から、育児を制度的に切り離すことが必要である。その切り離しの上で、生物学的親が一定の基準を満たす育児を引き受けることも、もちろん可能である。そもそも、生物学的な親が育児することが、子育ての最適なケアであるとは限らない。子ども虐待の問題だけでなく、子どもの健康や遊びという観点からしても、核家族における両親が子どもをケアすることが最善とは限らない。昔から、乳母は広範に活用されてきたし、ブレイクはアフリカやアメリカのアフリカ系黒人の間で広く行なわれている「アザーマザー othermothers」を一例に挙げている。保育施設に子どもを預けられない貧しいアフリカ女性のあいだでは、アザーマザーによる地域の子育てが行なわれ、そのケアネットワークや「画期的な育児法」は大きな成果をあげたという［216, 254］。育児のケアは、父母二人のみの核家族よりも祖父母叔父伯母従姉弟などを含めた大家族の方がずっとよくなされるから、男女二人の大人のパートナー関係と出産と育児とは結婚の中で質的に異なる要素と考えるべきなのである。要するに、育児も含めて「ケア」という全市民に共通する「公共的理由」にもとづいて、パートナーに関わる正義にかなったケアと、育児に関わる正義にかなったケアとの両方を支援するのが、法的に定義された「結婚」の意義であり目的になる。

2　結婚をどのように法的に定義するか

（1）どの価値観にもコミットしないのが正義に適う結婚

結婚とはどのようなものであるべきかを考察したブレイクは、次に、結婚はたんなる慣習ではなく、法的に定義される契約であるべきだと主張する。その理由は、結婚は何よりも正義に適うものでなければならないからである。結婚が「正義に適うべきだ」とブレイクが言う場合、その「正義」には二つの意味がある。

(1)ロールズの「正義の二原理」の一つである「自由はすべての人に平等に与えられていなければならない」という原理。この「自由」には、「自己の基本的人権が他者に侵されない」ことが含まれ、暴力を加えられない、虐待されない、搾取されない、支配されない、自己の財産を自由に扱える等々が、結婚するパートナーの各人に保証されなければならない。

(2)結婚に何を求めるかは、人によってさまざまに異なる。性愛規範性にもとづくロマンティックな性愛を優先して求める人、とにかく子どもがほしい人、あるいは上昇婚志向、結婚によって自分の社会的経済的位置を高めたい人、自分が妻になって自己実現のために夫に援助してもらいたい人、あるいは逆に自分が犠牲になっても夫の自己実現のために尽くしたい人、ただ静かな落ち着いた夫婦生活を求める人、あるいは自分の家の伝統や家風を守るために結婚する人もいるだろう。重要なことは、**結婚を法的に定義するにあたって、結婚の価値や目的や本質をどれか一つに狭く規定すると、結婚に求める多様な価値観を包摂できず、その中の特定の価値観をもつ人にのみ結婚が有利な制度になってしまう。**それでは結婚が不平等を生み出すことになるから、結婚を、どの特定の価値観にもコミットしないで定義することが、正義に適う結婚になる。

結婚の二つの「正義」のうち(1)については、ケアの本質から自然に帰結することが分かる。ケアは親密な関係性における身体と身体の濃密な接触を含むから、ケアする側もされる側も互いの身体が無防備な状態になり、その接触は容易に暴力に転化されやすい。だから結婚にはＤＶや虐待や暴力による支配が起きやすく、それらは基本的人権の侵害として、不正義として、厳しく排除されなければならない。また、夫婦であっても不本意な性交は強制されるべきではないが、最近やっと、夫婦間のレイプが犯罪とみなされる場合もあるようになった。つまりケアとしての結婚には、何よりも正義が必要だからこそ、そのことを明確にして、結婚が法的に保護される必要がある。

(2)の「正義」は、これまであまり考えられてこなかった新しい観点のものである。それは、**結婚の内容的な多様性を守る正義であり、結婚を法的に定義することによって、そのことが可視化されうる。**その正義は、結婚を「愛」によって大ざっぱに定義したり、共同体の規範として自明視するのではなく、リベラルな個人主義の立場から、結婚をケアの契約として捉える場合に初めて見えてくる正義の要求である。結婚に求めるものは人それぞれに異なるので、ある現実化した結婚が、自分の意に適ったものであったか、そうでないかの差が当然生まれる。一方がその結婚に満足しても他方は失望したという場合が、往々にして生じるので、一方は離婚したいと思うかもしれない。その場合、一方の離婚の要求はつねに正しいので、他方は離婚をすぐ認めるべきなのだろうか。これは難しい問題であるが、結婚にはこの問題が必ず生じるから、結婚は、当事者たちの正義に適った契約でなければならないことが自覚されなければならない。ブレイクが本書を『最小の結婚』と名づけるとき、その「最小」という意味は、**結婚の内容的な多様性が守られるためには、結婚の本質内容の規定は「最小に」留めなければならない、**という意味である。

そもそも伝統的な共同体や保守主義者は、結婚や家族の内部に「契約」を持ちこむことに消極的であった。ブレイクによれば、サンデルなどの保守主義者は、結婚における「正義」をあまり重視しない。ヒュームも「結婚した人たちの間では、友情の絆が所有のあらゆる分割を撤廃するほど強力である」から、家族内では情緒が機能する限り、権利にもとづいた配分は必要ないと言う〔179〕。しかしブレイクは、結婚においては、虐待や暴力が生じるからというだけではなく、パートナーのそれぞれが「自分自身の利害関心を持った自律的個人」であるべきであり、それぞれの「自己実現」は当然の権利であるから、配分における衝突は必ず起こり、契約によって合意を作る作業が不可欠であると考える〔180〕。愛は決して契約と両立できないものではなく、「正義が調和のとれたコミュニティと両立するのと同様に、契約はケアと両立する」〔183〕。恋愛においても結婚においても、「家事、性行為、生殖、お金などの一般的条件について非公式な合意」が必要であり、それは「日々の自発性を脅かすものではない」〔184〕。「正義とケアは、人生の異なる側面、異なる領域において、異なる重要性を有している」からどちらも人間関係に不可欠である〔184〕。

「結婚」の定義は、立場の異なるすべての人々の間にありうる「公共的理性」に依拠すること以上のことはしない。つまり、何が「善い生」なのか、「どういう人生には価値があるのか」という価値判断はしない。近代国家の政治的リベラリズムとは、さまざまな宗教のどれかにコミットしないという政教分離がその中核であった。それと同様に、さまざまな価値観のどれかにコミットしないことが政治的リベラリズムであり、法が結婚を定義するときに、一番大切なことである。

「政治的決定は、善き生や人生に価値を与えるものに関するいかなる特殊構想からも、可能なかぎり独立していなければならない」〔ロナルド・ドゥオーキンの言葉、233〕

「国家は、特定の包括的教説を別のものより支持または促進することを意図したいかなることもしてはならないし、特定の包括的教説を追究する人々に助けを与えてはならない」〔ロールズの言葉、233〕

ブレイクは、結婚の法的な定義に関する重要な前提を次のようにまとめる。

「結婚の法的定義は政治的に正当化されなければならない。婚姻法は公共的理由の範囲内で正当化されなければならない。……〔道徳的あるいは宗教的な〕包括的教説に訴えることなしに説明されなければならない」〔236f.〕

「正義の重要な問題においては、政策と立法が論争的な道徳的または宗教的見解のみに基づくことを禁じる。それらは公共的理由において正当化されるものと認められなければならない」〔232〕

「国家が支援すべきなのは私が「最小結婚」と呼ぶものである。そして、結婚に対するいかなる追加的な制約（ジェンダー、当事者の人数、性愛関係、相互に背負う権利）も許されてはならない。最小結婚によって、これまで結婚という形でしか相互に背負うことのできなかった権利と責任を選択できるようになり、たった一人の愛するパートナーとだけでなく、望む人ならば誰とでも権利と責任をとりかわすことができるようになる」〔266〕

その代りに、最小結婚の婚姻法では、結婚によって保護される権利は現在の結婚制度よりずっと少なくなる。つまり「完全パッケージ」として多数の保護が与えられるわけではない。たとえば、税金の控除、健康保険、年金、出産や育児の費用、子どもの教育費などは、結婚ゆえの特権ではなく、結婚とは独立の社会保障という観点から与えられるべきものになる［269-280］

伝統的社会では、結婚は、共同体による承認という意味をもっていた。そして結婚は、共同体から何らかの保護を受けた。このようなことが可能だったのは、その共同体が一定の価値観や宗教観を共有していたからである。価値観や宗教観を共有できなくなれば、その共同体は分裂するであろう。一方、近代国家においても、結婚は法的な届出によって承認され保護を受ける。近代国家は、大きく異なる価値観と宗教観をもつ人々が共存している。したがって、結婚の承認も、価値観や宗教観から中立に行なわなければならない。結婚をどう意味づけるかは各人の自由である。しかし、法で「結婚」を定義するならば、結婚に該当する人々はさまざまな恩恵を受けるのだから、その恩恵の享受が正義に適ったものでなければならない。つまり、平等、公平、公正な仕方で恩恵が享受されなければならない。これが「公共的理由において正当化される」ということである。つまり、「公共的理由」という一点だけは、近代国家も一つの価値を共有している。

「〔公共的な理由とは〕、いろいろな道徳的または哲学的、宗教的な包括的教説から引き出される異なる善の構想を持つ人々が［ともに］受け入れることを、市民たちが理にかなう形で期待してよいような理由である」［232f.］。

では、その「公共的理由」はどのように考えられるべきだろうか。

（2）公共的基本財としての自尊心

「公共的理由のみに基づく」ということを内容的に正確に表現するのは難しいが、おそらく、**立場の違うすべての市民が共通して受け入れることのできる原理にもとづく**ということだろう。ちょうどロールズが、「無知のヴェール」をかぶせることによって立場の違いを消した市民が共通に受け入れることのできる原理として「正義の二原理」を提出したのと同じように、ブレイクは、**「ケア」と「正義」を結婚を基礎づける公共的理由として提出する。人はすべてケアを必要としていること、そのケアは正義にもとづいて行なわれるべきこと、結婚に関するこの二点は、どんなに立場や価値観の違う人でも合意するだろう。**

以上の意味では、結婚の法的定義はどんな価値観も含んでいないのではなく、公共的な理由を価値として前提している。では、結婚を基礎づける公共的価値は、ケアと正義だけなのだろうか？　性愛は公共的価値ではないのだろうか？　ブレイクによれば、官能的でロマンティックな性愛は、たしかにそれ自体が「善」である。しかしそれは恋愛だけで十分に現実化するから、結婚によって初めて実現したり、（スクルートンの言うように）結婚という制度によって保証されるものではない。**だから性愛は結婚を基礎づけるための公共的価値ではない。**結婚に関して、法によって規定され保護されるべき「善」すなわち公共的価値（＝法哲学の用語では「基本財」）とは以下のようなものである。

「最小結婚は、善をめぐるいかなる競合的な構想をも是認することなく、むしろ、その合理的根拠

が特定の包括的教義ではなく基本財の理論に基づいているために、いずれの競合する構想をも是認することを控える」〔288〕

「基本財」とは「人々が〔人生の〕どんな計画を描いていても欲するはずだとされる万能の財 all-purpose goods である。この財をより多く持っていれば、自分の意図を成し遂げ、何であれその目的を実現できる度合いがそれだけ高くなる」（ロールズ『正義論』）〔291f.〕

「基本財」には社会的なものと自然的なものがあり、社会的なものは、**自由、機会、所得、福祉、自尊心の社会的基盤**などである。自然的なものは**健康**などがその例に挙げられる。正義に関わるのは社会的な基本財だけである。

ここで注目すべきことは、「**自尊心の社会的基盤**」が基本財とされていることである。ロールズのこの洞察に基づいて、ブレイクの議論も成り立っている。つまり、**ケア関係こそが自尊心の社会的基盤であり**、ヘーゲル風に言えば、人間は、他者からの承認によって自分も自己の存在を肯定できるということである。これは、デカルトが人間の持ちうるもっとも大切な感情として「自尊心＝高邁の徳」を挙げているのに呼応する。**他者にケアされる**（**無視されずに気にかけてもらえる、大切にされる、愛される**）**ことによってのみ、人は自己肯定感を持てる**（だからインセルは不幸な男性であり、たとえばワーグナー『指環』のアルベルヒは、ラインの乙女に失恋し、全世界に復讐しようとする）。したがって、「自尊心の社会的基盤」としてのケアは社会の基本財であり、「自尊心」を育み、一人一人が自己肯定感を持てるように社会全体がケアを推進し、支援しなければならない。これが、「結婚」という制度を法が規定することの意味である。

「ケア関係は個人にとって、ほぼ普遍的に道徳的能力を発達させ行使させる文脈なのである。ほとんどの人は、孤立した状態でこうした能力を発達させることも行使させることも、端的にできないし現にしていないが、他の人々との関係のなかではそれができる」〔296〕

「「おそらくもっとも重要な基本財」は、自尊心あるいは自己肯定感である。なぜなら、それなくしては、「何事もする価値がないであろうし、たとえ物事がわれわれにとって価値をもっていたとしても、そのために努力しようという意志を喪失してしまうからだ」（ロールズ『正義論』）。親しい人間関係とメンタルヘルス（身体的健康も同様だが）のあいだには明らかな繋がりがある。この繋がりが示すのは、ケア関係は、個人が自身の人生を計画することを精神的に支援するという意味で、自尊心に匹敵するものだということである」〔297〕

（3）結婚は一対一の男女に限らない

以上が、ブレイクによる結婚の法的な定義であるが、その結果、結婚は一対一の男女だけではなく、きわめて多様な形態をもつべきものになる。同性婚はもちろん、一夫多妻婚、一妻多夫婚、複数・複数婚、友だち婚など、すべて法的な結婚の定義に該当する正当な結婚になる。複数・複数婚や友だち婚は、我々の周囲にモデルが少ないので、ブレイクの挙げる例を見てみよう。

二八〇～二八二頁に書かれている、**女性哲学者ローズの結婚モデル**は、とても魅力的だ。ローズは、ひょっとしてブレイクその人なのだろうか？　ローズは、オクタヴィアン（美青年？）という男性と同居し家計も共通だが彼と性関係はない。ローズには、生命倫理学者のマルセルという親友がおり、彼はローズという女性を真に理解しているただ一人の男性であり、彼と哲学の議論をするのが何より楽しい。そしてローズにはステラという女性の長年の恋人もいて、彼女とは住居は別々だがずっと恋愛関係が続いている。つまりローズは、二人の男性と一人の女性と相互にケアし合う関係にあるという意味で、ポリアモリー家族の一員である。

これを「結婚」や「世帯」と呼んで悪い理由があろうか、というのがブレイクの主張である。つまり、**一人の相手とあらゆる種類のケアをし合うのではなく、複数の相手とそれぞれ異なるケアをし合う関係が、ポリアモリーである。あらゆる種類の完全なケアをただ一人に求めることは難しいが、複数の相手なら十分に可能ではないか**。たとえば、最近話題になっている日本の「オタク女子」の例はどうだろうか。あるオタク女子は、普通に結婚して夫がいるが、夫はあまり「ときめき」を感じる男性ではない。でも彼女には「推し」がいて、推しのアイドルには激しくときめく。だから結婚後もずっと彼の追っかけは続けていて、しょっちゅうライヴに通い、夫もそれを好意的に許容している。この事例は、異なるケアを異なる人から受けているわけで、ブレイクのいうポリアモリーに少し近い。これが「推し」ではなく、生身の人間の元カレであり、週に一度は元カレの家に泊まるという恋愛関係があり、夫もそれを好意的に認めるならば、これは正真正銘のポリアモリーと言える。ちなみにイプセン『ヘッダ・ガブラー』は、それをしようとして挫折した物語。

また、現代アメリカには「クァーキアローン」と呼ばれる友だち間の濃密なケア関係がすでに存在するという。

「クァーキアローン運動は、**多くの人にとって結婚やカップルによって果たされている生活上の役割が、自分の場合には友人たちが果たしてくれているという**一人の女性による公共的な夢想に端を発し、共感した読者たちによる反応が波となって始まったものである。……クァーキアローンは、典型的には都市に住む若年層の専門職従事者である」[286]

「クァーキアローン」は現在の制度における結婚はしないから、その意味ではシングルである。でも、複数の友人たちと、恋愛や結婚のようなポリアモリー関係を結んでいる。こういう人たちにも「結婚」を認定するのがブレイクの「最小結婚」である。

3　残された問題

(1)　友愛結婚とポリアモリー（同時複数恋愛）

二〇二二年には世界の約二八カ国で同性婚が認められている。**同性婚を法的に認めることは、それ自体がすでに、「結婚」の概念を大きく変えるというのが**、ブレイクの問題意識である。結婚の基礎にあるものが、男女の異性愛から友愛に変ったのである。同性愛はたしかに友愛と連続している。日本でも若い女性に多く読まれるようになったコミックのＢＬ（ボーイズラブ）では、たとえばスポーツの同じチームのメンバーである男子同士の熱い友情がボーイズ・ラブに発展するケースがみられる。ホメロス『イリアス』では、ともにトロイ戦争でギリシア軍戦士として戦うアキレウスとパトロクロスは、互いに親友であるとともに恋人でもある。このように、同性婚の基礎として友愛を考えるのは自然なことである。もちろん同性愛にもロマンティックな性愛があり、それも友愛の一部として拡張的に考えればよい。

古代ギリシアでは、同性愛はきわめて一般的な風習であったが、興味深いことに、アリストテレスは人間のすべての「愛」を「友愛 philia」という基本概念でまず捉え、異性/同性の恋人の間の愛、夫婦愛、親子の愛、兄弟の愛、これらはすべて「友愛」に属し、「友愛」の一部なのである。『ニコマコス倫理学』は次のように言う。

「友愛は……、人の生き方にとって、もっとも必要不可欠なものである。なぜなら、親しい友なしには、たとえ残りのあらゆる善きものをもっていたとしても、誰も生きることを選ばないであろうから。……だが、友愛は必要不可欠のものであるだけでなく美しいものでもある」[1155a]

そしてアリストテレスは、恋愛は快楽にもとづき快楽をもたらす「友愛」であると捉え、次のように述べている。

「快楽に基づいた友愛も、完全な友愛との類似性をもっている。というのも善い人々もまた、互いに対して快い関係にあるからである。……［とはいえ］快楽といった同じものが互いからもたらされる場合でも、［そこにもたらされる快は］恋する者と恋される者では同じではない。恋する者と恋される者は、同じ事柄に快を感じるのではなく、恋するものは相手を見ることに快を感じるのに対して、恋される者の方は自分を恋する者から世話を受けることに快を感じるからである」[1157a]

ここは非常に面白い箇所である。男性は女性のエロス的な美を見て快を感じるが、女性は、そのように彼女を愛する男性の世話を受ける＝ケアされることに快を感じる、と言っているからである。このような恋愛における快の内容の非対称性が正しいかどうかはともかく、恋愛もまた人と人とのもっとも親密な関係である友愛であり、しかもそこには「ケア」が含まれるとする点で、アリストテレスの友愛論は、ブレイクが結婚の基礎に友愛とケアを置いたことと整合性があるといえよう。

結婚の基礎に男女の異性愛ではなく友愛を置くことによって、結婚における一夫一妻制の自明性も揺らぐ。一夫一妻制以外の結婚形態は、歴史的にも現在も、世界の各地に存在するが、数からいえば一夫一妻制が多数派である。進化生物学においても、ヒトの進化の早期の段階から一夫一妻制が中心であったと考えられている。我々にとって一夫一妻制が自然にみえる理由は、生殖には最低一組の男女が必要だから、その最小単位である「夫婦」が親密圏の最小単位となるからだろう。そしてまた、もし一夫一妻制でなければ、妻の獲得をめぐって男たちの激しい争いが生じる可能性があるからかもしれない（トロイ戦争のように）。結局、結婚の基礎に異性恋愛ではなく、友愛を置くことは、結婚を、同性愛に開放するだけでなく、一夫一妻制からも解放して複数婚へと開放する。

前節で見た、ブレイクの挙げる結婚モデルとして、女性哲学者ローズの結婚を考えてみよう。ローズは、オクタヴィアンとマルセルという二人の男性と同居し、一人の女性ステラと別居の恋愛関係が続いている。つまり、ローズは四人家族なのだが、三人との関係の内容はそれぞれ異なる。一夫一妻の夫婦だと、夫婦という一つの関係しかないので一つの内容しかないが、ポリアモリーの家族は、異なる内容の関係から家族が成り立っている。ローズが性愛関係をもつのはマルセルとステラの二人らしい。三人との互いのケアの内容そのものが、まったく異なっているのだ。

現代アメリカのポリアモリー運動の主唱者の一人デボラ・アナポールによれば、ポリアモリー家族は、親密性の異なる関係性の組み合わせであるという。

「夫婦のように長期的に深くかかわり合う恋人を、第一のパートナーと呼ぶ。ふつうは同居し、お財布も一緒で、子育てを分担しながら、何かあれば話し合いで決める。……第二のパートナーも長期的に強く結びつく性愛の相手だが、住む家もお財布も別で、身近な家族というよりは親友のような間柄が多い。……第三のパートナーは、たまにほんのちょっと顔を合わすくらいの恋人である。交際そのものはとても親密だけれど、日常生活で頼り合う仲ではない(3)」。

三人との関係は親密性は違うが、互いに人格的に尊敬し合うという点では平等であるという。このようにポリアモリー家族のポイントは、親密性が異なる複数のパートナーとの生活を、人格的に対等な尊敬で成り立たせることにあるが、実はこれはなかなか難しいことで、高度なバランス感覚をもって、複雑な人間関係を調整できなければならないだろう。それが実現できずにポリアモリーが崩壊してしまう例は多いという。一八四八年、アメリカ・ニューヨーク州のオナイダ郡に、キリスト教の一派によって理想の共同体を目指す「オナイダ・コミュニティ」が創設された。コミュニティは、同意した相手とならば性交は自由という自由恋愛主義を標榜し、複合婚 complex marriage の実験を行なった。快楽主義ではなく、真面目なキリスト教徒たちの、ユートピア郷建設の真剣な試みであった。最盛期には三〇〇人くらいになったが、結局、複合婚は一八七九年に廃止された(4)。育児に関しては核家族よりコミュニティの方がうまくいきそうに思えるが、何といっても複数のパートナー関係をバランスよく両立させるのは至難の業であったと思われる。

一夫多妻制の場合でも、夫が妻たちをどう平等に愛するかは、とても難しい。たとえば平安時代、天皇は、皇后、中宮、女御、更衣など複数の妻たちを持てたが、それぞれの妻の背後には有力な貴族である父が控えているので、特定の妻だけを愛するとトラブルが生じる。中宮定子だけを愛した一条天皇、『源氏物語』の桐壺更衣を特に寵愛した桐壺帝などは、後宮経営のバランスを欠いており、天皇は有力貴族の連合の上に載る権力だから、それではまずいのだ。日本のポリアモリー研究者である深海菊絵は、「愛する人を共有シェアする」のはなかなか難しく、そこには「自由な愛のパラドックス」があると言う(5)。

ブレイクは結婚の基礎に友愛やケアを置き、結婚の概念を同性婚やポリアモリーに広げる。『最小の結婚』冒頭で「ポリアモリー［同時複数恋愛］」［4］という語が導入されるとき、対応する日本語は「複数婚」ではなく**「同時複数恋愛」**という訳を当てている。つまり、通常の恋愛が一対一の男女が互いの相手だけを特別視する排他性をもつのと反対に、**排他的ではない恋愛を意味するものとして「ポリアモリー」概念を前景化**している。ブレイクは言う、

「性愛規範性は恋愛関係と友人関係の価値を区別するが、これは誤りである。友人関係やポリアモリーにおいて相互にケアを引き受けることは、排他的な恋愛関係においてケアを引き受けることと同等の価値がある」〔166〕

「バートランド・ラッセルは、結婚の排他性を緩和すること（つまり現代的な言い方ではポリアモリーを許容すること）は、結婚を強化し、カップルが結婚外恋愛ゆえに離婚することを防ぐことで、子に利益をもたらすだろうと示唆した」〔251〕

「異性間の一夫一妻的で排他的かつ持続的な恋愛に基づくものとして婚姻関係を定義できる公共的理由は存在せず、国家がもし一つでも何らかの関係を承認するのならば、国家は、同性婚、複婚、ポリアモリー、アーバントライブを含む関係を承認し支援しなければならない」〔287〕

「複婚〔polygamy〕は、一夫多妻〔polygyny〕と一妻多夫〔polyandry〕を含んでいる。複婚はポリアモリー〔polyamory〕の一種とみられるかもしれないが〔実際はやや複雑で〕、……ポリアモリーは相互に結びついた小集団から、重なり合うことのない多様な関係を有した分子のような構造、さらには一夫多妻に典型的なV字ないし松葉型の構造（一人の夫が中心にいて、それぞれの妻が分離し排他的な関係にある）までを含んだ、実に多くの形態をとりうる」〔331f.〕

以上から分かるように、ブレイクは、一対一恋愛の排他性の対極にあるものとして「ポリアモリー」を捉えている。一夫多妻は複数の妻同士は排他的関係にあるが、それでも一対一恋愛が二人以外の第三者をすべて排除するのに対して、一夫多妻は、一人の夫が複数の妻と繋がるという点で、排他性の度合いがより少ない。ブレイクがこれほどポリアモリーにこだわる理由は、おそらく、**結婚の基礎にある相互ケアをもっとも満足いく仕方で行なえるのは、必ずしも一対一の異性婚とはいえない**（もちろん人によるが）という認識があるからだろう。ブレイクは、**一対一の結婚は、結局、コミュニティから個人を切り離すものとして**批判する。

「結婚と、愛し合う一対の関係という結婚に結びついた理想は、その外部にいる人とのケア関係を弱めてしまう。法的にも概念的にも、**一対一での結婚と性愛的なパートナーシップは、コミュニティから個人を切り離す条件を創り出している**……、プラトンが示唆したように、**一対一の結婚は、個人をコミュニティから切り離す**条件を作り出す」［155］

「結婚は、（ヘーゲルが言ったように）利己主義を抑えるというよりはむしろ、利己主義の範囲をたんに配偶者にまで拡張することを可能にする。**結婚への退避は、公共善もしくは公共的関与を犠牲にしたプライベートにおける自己投資**であり、……**結婚はおそらく、公共からの後退の典型的形態であり、社会的孤立の解決策ではない**」［155］

たしかに、結婚によって、新郎／新婦による新しい家族、すなわち最小の共同体が誕生するが、しかし、それぞれが育った実家からすれば、二人の男女が家を出てゆくのだから、それは家族の解体の一コマである。もし二人が結婚して他の土地に移り住むならば、それは生地の共同体の解体の一契機でもある。このようにブレイクは、**一対一異性愛の結婚は、それ自体が親密圏の弱体化であり、共同**

体の衰弱につながるものと捉えている。もちろん彼女はコミュニタリアンではなく、リベラルな個人主義の立場であるから、共同体の衰退そのものをマイナスと捉えているわけではない。ブレイクのポイントは、一対一異性愛結婚は、人と人の相互ケアを弱めるマイナス面がある、という点にあるだろう。だから排他性の弱いポリアモリーを高く評価することになる。

こうしたブレイクの結婚論は、一夫一妻制への厳しい批判を含むので、かなり大胆なものと言える。しかし一夫一妻制は、種としてのヒトの進化とともに古く、数の上でも意識の上でも人は一夫一妻制に慣れており、ポリアモリーは容易な課題ではないだろう。それでも、ブレイクが一夫一妻制を批判する必然性はあるように感じるので、それを簡単に記してみたい。

ブレイクの意図は、結婚における性愛規範性の位置を相対化・軽減し、ケアを前景化することあるが、その前提には、性愛規範性自体の変化、性愛規範性における二契機の分化があるように思われる。二契機とは、①純粋な関係性としての性愛と、②生殖を動機づける性愛のと区別である。コンドームだけでなくピルなど避妊技術の進歩により、性交と妊娠を完全に切り離すことが可能になった。これは、この百年ほどのことであり、それ以前は、性愛はつねに妊娠の可能性と一体であった。このことが、性愛を結婚という枠に収めようとする大きな圧力の根本動機だったと思われる。ところが性交と妊娠が切り離されることによって、男女において性愛のもつ意味、位置づけは大きく変わった。だからこそブレイクは、結婚における、①大人のパートナー関係そのものと、②出産・育児、子どもを持つこと、という二契機を分離し、後者②の一部を結婚の外部の親密圏と共有することを提案できる。そして、この①も②も「ケア」の概念に包摂されるという意味で、ケアを結婚の基礎に置き、結婚をパートナーとの関係性を基本にしつつも、生殖の部分はさらに広い親密圏と共有するという、ケアの新しい分担形態を提案したわけである。植村としては、ブレイクの提案する方向性を強く支持したいが、真の課題は、**性愛規範性を二つの契機に分離してそれを友愛の諸契機に分担させる点にあると思う**ので、この点のさらなる考察と検討が必要であろう。**人が満足するケアは多様であり、一対一では不可能な多様なケアもポリアモリーなら可能になるから、これをどのように友愛の諸契機に分担させるか**を検討するべきである。ブレイクは性愛規範性を二つに分離した。しかしそれで終わりではない。女性哲学者ローズの結婚において、ローズは、オクタヴィアンという美的男性とマルセルという知的男性、そしてステラという恋人女性と三つの関係を持ち、その三つの関係は、性的規範性の互いに異なる契機を友愛のそれぞれ異なる契機と組み合わせているようだ。こうした多様な組み合わせの可能性を、一例だけでなく体系的に探究する必要があるだろう。そうした組み合わせの質的内容と可能性によって、一対一恋愛の排他性が乗り越えられるかどうかが決まる。というのも、これまでの数々のポリアモリー試行の失敗の理由の一つは、明らかに、**性愛規範性そのものに属するように見える排他性の契機**にあるからである。この点をどう克服できるのかが、ブレイクのそして我々の結婚論のさらなる課題であると思われる。

（2）一対一恋愛における排他性の生物学的根拠？

一対一の異性恋愛は、強い排他性、すなわち自分が相手を独占したいという強い感情をもっており、これがポリアモリーを困難にする主因でもあった。この排他性はどこからくるのだろうか。それは、この排他性が消失する場合、たとえば離婚を検討すれば少し明らかになるだろう。ブレイクは『最小の結婚』において、自然人類学者ヘレン・フィッシャーに対して、援用しつつも批判するという微妙なスタンスをとった［172-174］。フィッシャーは、世界中の多くの地域で、離婚は結婚後四年目が一番多いことを明らかにした(6)。その理由は、妊娠から第一子が誕生し、母なしでも育つようになるのにほぼ四年かかるからである。それ以前に両親が別れてしまえば、子どもが育たず、進化の条件である「生き残る子どもの数」が少なくなってしまう。だから四年間は別れないようにヒトは進化してきた。

つまり、新婚後四年間は夫婦の恋愛感情は持続するが、それ以上は続かない。このように、異性恋愛のもつ強い排他性の感情は、生殖という条件にもとづいており、生物学的根拠をもっている、と論じた。それに対してブレイクは、フィッシャーについて次のように述べる。

「フィッシャーは、人間は本能的に一夫一妻制を繰り返していくと論じている。……ロマンティックな愛のサイクルの自然な持続期間は四年間であり、これは、避妊せず、母乳で子どもを育てた場合、妊娠と妊娠との間に通常生じる期間に相当する。さらに彼女は婚外の性行為に生理学的根拠があることを主張している。**彼女の説明では、排他的で永続的な関係を求める性愛規範的な選好を支持するこ**

とはできなかった。実際に、結婚と性愛規範的な理想はそれ自体で、連続的な一夫一妻婚や性的多様

性への衝動を頓挫させてしまうだろう。そのうえフィッシャーは、複婚にも生理学的根拠があることを示唆している」〔173〕

要するに、一対一の性愛規範的で排他的に相手を選好することは長続きせず、永続する一夫一妻婚は、夫婦のどちらも完全に満足させない。したがって、婚外の性行為へ誘導するか、複婚へ導くか、離婚してまた再婚するか、いずれにせよ、短期の一夫一妻制を破綻させる生理的圧力が生じる、というのである。しかし、ブレイクはこうも付け加える。

「最後に、フィッシャーは、彼女が「結合体」――「**血のつながりの代りに友情を基盤するまったく新しい親族関係**」と**呼ぶ新しい家族形態の出現**を認識している。これは彼女の見解が、親しい交際を求める衝動のなかに、ある程度の可塑性があるのを確かに認めていることを示唆する」〔173〕

つまりフィッシャーは、一夫一妻制が短期で終わってしまうことの代案として、ブレイクが結婚の基礎を友愛に求めたのと同様に、「友情を基盤とする新しい家族形態」の可能性を認めているのだ。しかし、そのうえで、ブレイクはフィッシャーを批判もする。

「〔代案の一つとして、結婚を四年間の任期制にして、また再婚する〕四年間の一対一の絆を結ぶことが特権化されると想像してみよう。……しかしこのような差別〔＝特権化〕は道徳的に正当化されないだろう。〔短期間の一夫一妻婚を繰り返す結婚を〕特権化することは、〔それに参加しない〕人々の〔相互ケアを差別して〕これらの人々に不必要な負担を課すことになるからだ。連続的な男女の一夫一妻婚に対する障害を取り除くために〔短期間結婚という〕特権を与える必要はどこにもない。ミルの論点を借用すれば、交配衝動がそこまで強いのであれば、交配に社会的圧力をかけることは余計なことである！　必要なことは、つがいの絆を妨げる障壁を取り除くことだ」〔173f.〕

非常に分りにくい批判だが、たとえ恋愛の排他性が四年間しか続かないとしても、その代案として、**短期の一夫一妻婚を離婚・再婚という形で繰り返させるのは、恋愛の排他性を解決することにはならない**、ということだ。むしろ一夫一妻婚という狭い絆のありかたを排して、ポリアモリー家族にした方が、多様なケアの必要性に対応できるのではないか、というのがブレイクの対案である。

そして最後に思うのだが、ブレイクの対案はたしかに理論的には成り立つだろう。しかし恋愛感情の排他性の四年間という時間が、もし生殖のサイクルから生じているのだとすれば、結婚において、生殖というケア関係と、愛という大人のパートナー関係におけるさまざまなケア関係との、繊細で複雑な対応と調整をどう成り立たせればよいのだろうか？　この難しい課題が我々に残されるだろう。

〈注〉

※本章での太字ゴチックによる強調はすべて植村による。

（1）フィッシャー『愛はなぜ終るのか』草思社、一九九三、一〇七頁。

（2）キルケゴールの結婚論については以下で論じた。植村恒一郎：「永遠の今」としてのエロス——キルケゴールと西田幾多郎の愛の理論（『哲学雑誌』第八〇八号、二〇二一、有斐閣）

（3）デボラ・アナポール『ポリアモリー 恋愛革命』インターシフト、二〇〇四、一八頁。

（4）倉塚平『ユートピアと性――オナイダ・コミュニティの複合婚実験』中公叢書、一九九〇、第10章。
（5）深海菊絵『ポリアモリー 複数の愛を生きる』平凡社新書、二〇一五、第5章・第6章。
（6）注1参照。

〈参考文献〉

本章での使用テクストは左記の通り。
Elizabeth Brake : *Minimizing Marriage: Marriage, Morality, and the Law*, 2012, Oxford U.P.（エリザベス・ブレイク『最小の結婚――結婚をめぐる法と道徳』久保田裕之監訳、白澤社、二〇一九）。『最小の結婚』の引用箇所は、本文中に［　］の数字で邦訳頁数（二刷）のみを示す。
Helen Fisher : *Anatomy of Love: A Natural History of Mating, Marriage, and Why We Stray*, 1992, W.W Norton & Co Inc.（ヘレン・フィッシャー『愛はなぜ終るのか――結婚・不倫・離婚の自然史』吉田利子訳、草思社、一九九三）
アリストテレス『ニコマコス倫理学』（神崎繁訳『アリストテレス全集』第15巻、岩波書店、二〇一四）

第2章　結婚式のデモクラシー
——限りあるなかでの平等を求めて

横田祐美子

選択的夫婦別姓や同性婚など、日本では婚姻をめぐるさまざまな問題が未解決のままにとどまっている。そのなかで必ずしも法的な婚姻とは結びつかないものの、結婚するふたりを家父長的かつ男尊女卑的な構造のうちに置き入れ、両者の役割や力関係の固定を生じさせてしまうものがある。それが挙式・披露宴の総称としての結婚式である。近年、従来の結婚式に対する不満や批判を表明したり、自由な結婚式の事例を紹介したりする記事に出会う機会が増えてきた(1)。こうした機運の高まりは、ジェンダー平等の推進や異性愛規範からの脱却へと向かう意識の変化を物語っている。とはいえ、実情としてはその変化に対応しきれていないブライダルサービスがほとんどであろう。それでは、結婚式においてどのようなかたちで当事者たちの平等性を表現すればよいのだろうか。その実践はいかなる理論的背景をもつのだろうか。本章では、エリザベス・ブレイク『最小の結婚』と同じ方向をまなざしながらも、同書で主題的には取り上げられなかった結婚式をより公正なものへと変革するための方法を提示したい。なぜなら結婚は、法や道徳のみならず儀礼とも不可分だからである。

1 結婚式のデモクラシーという提案

現在、日本の結婚式には神前式、キリスト教式、人前式、フォトウェディングなどの多様な形態がみられる。神前式では新郎新婦が三三九度の盃を交わしたり、並んで神前に進み出て誓詞を奏上したりすることが知られている。キリスト教式では花嫁が父親と腕を組んでゆっくりとヴァージンロードを進み、先に入場していた花婿にバトンが手渡されるように、花嫁は父親のもとを離れ、花婿に手を取られて祭壇の前まで導かれていく。このようなシーンは映画やドラマのなかにくりかえし登場する。人前式は比較的自由なスタイルで新郎新婦が主体的にプランニングする挙式であり、フォトウェディングは挙式・披露宴の予定がない場合でも結婚の記念となる写真を残すことができる。また、挙式後に行なわれる披露宴では高砂席に新郎新婦が座って列席者と食事を共にしたり、ケーキ入刀やファーストバイトといったイベントが催されたり、新婦が両親への感謝の手紙を読み上げ、新郎が祝辞に対する謝辞を述べたりする。

結婚式のスタイルによって式次第や内容は異なるが、それらに共通する要素のうちで争点となっているものがある。それは男性に対して女性を劣位に貶めていると受け取られかねない形式である。たとえば神前式で誓詞を奏上するのは新郎であり、他の者が代わりを務める場合も媒酌人か斎主とされている［石井 2005: 178］。キリスト教式では花嫁を父親から花婿へと受け渡す流れが、女性を男性の庇護下にある存在とみなす家父長的な考え［中村 2021: 45-59］を表現したものであるとして何度も批判されてきた。フォトウェディングで和装を着れば、色打掛で最も美しい柄が施されている左袖を見せるために、女性はカメラマンから見て右に立つよう指示される。

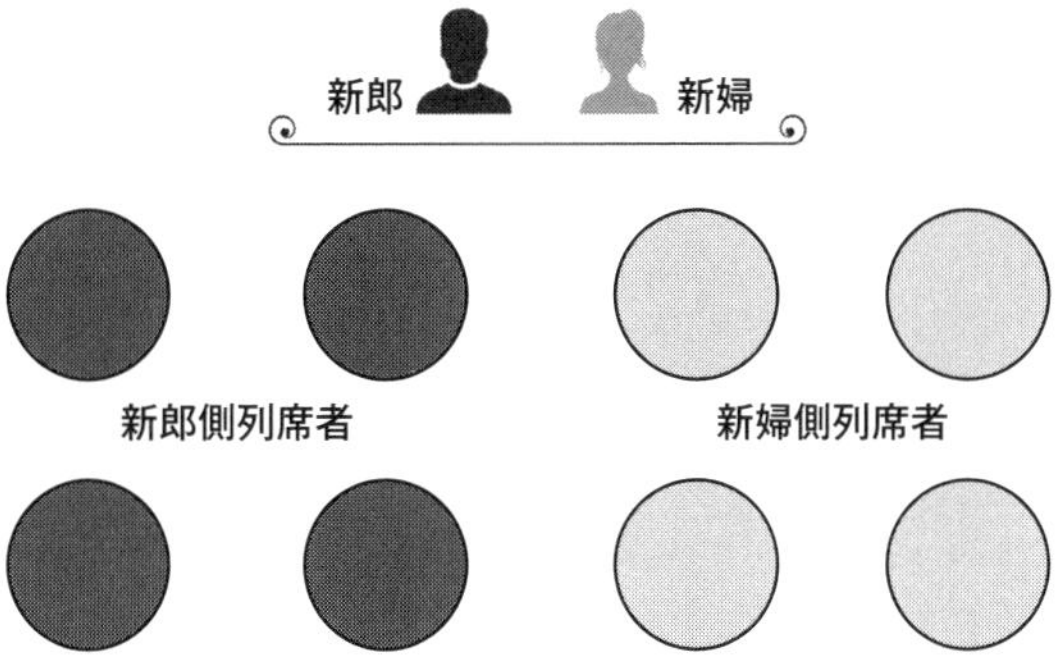

披露宴の席次イメージ

新郎新婦の立ち位置は、現在の日本の礼法にみられる「左上右下」に則り、男性が向かって左側、女性が向かって右側となる。これは男性が女性よりも優位にあることの表れであり、天皇と皇后の立ち位置においても徹底されている。また、披露宴で新婦が声を発することは新郎に比べて少ない。多くの場合、列席者に謝辞を述べるのは新郎か新郎の父であり、新婦が夫婦や家族を代表して何かを述べる機会は進行表に明記されていない。あるのはただ両親への手紙を読むときだけである。

　結婚するふたりの普段の関係がどれほど対等であったとしても、結婚式という場に一歩足を踏み込んだ瞬間、男性を優位とし、女性を劣位とする構造のうちに私たちは絡めとられてしまう。立ち位置や座る位置は「左上右下」で固定され、披露宴会場でも、高砂に向かって左が新郎側の列席者、右が新婦側の列席者の席次となる。挙式での呼びかけや司会者によるプロフィール紹介でも、つねに新郎→新婦の順に事が運ばれていく。主賓による挨拶の順番も同様だ。ブライダル関連の雑誌や広告で「結婚式の主役は花嫁！」と言わんばかりの表現がなされているのに対し、実際にはいつも序数詞を付けられた「第二の性」として扱われ、挙句の果てには結婚式が終わった途端、宿泊先のホテルでの登録名が確認なしに夫の苗字に変更される経験を筆者はしたことがある。どちらの姓で婚姻届を提出するのか、提出せずに事実婚にするのかといった事情を知りえないはずの他者が、「サービス」と称して花嫁の個人情報をいとも簡単に書き換えることができてしまうのがブライダルの現場なのである。いったい誰に対するホスピタリティがそこでは発揮されているのか。

以上のような日本の結婚式の現状を踏まえれば、精神的に落ち込むひとや結婚式を断念するひとが出てきてもおかしくはない。そもそも結婚式を挙げること自体が反フェミニスト的だと言われることもある。とはいえ、家族の強い希望により結婚式を挙げようと考えるひともいれば、事実婚だからこそ結婚式だけはしておきたいと考えるひともいるだろう。当事者によって事情はさまざまだ。結婚式に男尊女卑的な側面があると頭ではわかっていても、ドレスや着物にあこがれる気持ちもあるだろう。そのなかで可能なかぎり結婚するふたりが平等であることを示すには、絶えず下に置かれてきた新婦の位置と新郎の位置を半分ほど交代し、家父長的な要素の強いイベントを避けるという方法を採ることになる。具体的には、神前式において新婦と新郎がともに誓詞を奏上したり、ヴァージンロードでの花嫁の受け渡しをやめて最初からふたりで入堂したり、婚礼写真での立ち位置を時折交代したりすることが考えられる。宗教的な理由で挙式に介入しづらい場合には、披露宴でのみ実践してみるのもよいだろう。高砂の席上で新婦と新郎が席替えをすれば、相手方の列席者との距離も近くなる。もちろん、新婦が締めの挨拶をしたってかまわない。主賓や友人に祝辞をいただく際にも、一部を新婦側↓新郎側という順序に変えることはできる。はたして、これらのどこが誰に対して失礼にあたるというのだろうか。逆を考えてみれば、おのずと答えは明らかである。

このような実践を推奨し、結婚する者たちが平等であることを表現するためのテーマを筆者は「結婚式のデモクラシー」(2)と名づけている。民主主義を意味する「デモクラシー」という言葉が含まれていることからわかるとおり、「結婚式のデモクラシー」とはひとつの政治的な理念だ。「結婚式に政治を持ち込むのか」と否定的に思われるかもしれないが、第二次世界大戦後に生活改善普及運動がはじまったときから、民主主義的な結婚式に向けての提言はすでになされていた。その際にも、結婚式における形式や慣習、諸問題の根底に存在する「政治的な条件」が指摘されていたのである［生活記録研究所編 1956: 10-11］。結婚式とは、結婚する者たちがこれからどのような関係を築いていくのかを、親族や友人らに一度に明示しうる唯一の機会であるかもしれない。したがって、結婚式の在り方そのものがひとつのマニフェストとなりうる場なのである。

2 代わるがわるの輪番制

ここからは「結婚式のデモクラシー」という実践の背後にどのような思想があるのかを哲学的な観点から論じることとする。さきほど例示したような結婚式が多くのひとびとによって実践されれば、現在の結婚式をめぐる具体的状況は変化していくだろう。しかし「内容を欠く思想は空虚であり、概念を欠く直観は盲目である」〔Kant 1781/1787=2005: A51/B75〕と述べることで、感性と悟性双方の重要性を説いたドイツの哲学者イマヌエル・カントの言葉を読み換えるならば、実践なき理論が空虚であるのと同様に、理論なき実践もまた盲目である。それゆえ実践とともに「結婚式のデモクラシー」の両輪をなす理論がいかなるものなのかを見ていく必要があるだろう。

「結婚式のデモクラシー」の実践で問題となっていたのは、新郎側と新婦側の座席位置や挨拶の順番などが、家父長制にもとづく男性優位の価値観を前提に定められていることであった。まずはこれを時空の問題として捉え直してみたい。なぜなら、前後、左右、上下といった関係性が必然的に生じてしまうのは、人間存在がつねにすでに時間と空間のなかで生きているからである。当然ながら、これらの対立項のどちらが優位でどちらが劣位かを決定する要因は、時間と空間それ自体のうちには存在しない。だが、時間における前後関係や空間における位置関係には、日本のみならず世界中の言語体系を見渡しても、価値判断における優劣が投影されている。そのため「結婚式のデモクラシー」が提起しているのは、私たちがけっして逃れることのできない時間と空間のなかで、いかにして優劣なき平等を実現するのかという問いである。このことを、フランスの哲学者ジャック・デリダは『ならず者たち』という著作において「来るべき民主主義」の名のもとに論じていた。そこでは民主主義を象徴するものとして回転する車輪のイメージがくりかえし用いられ、時間と空間のうちに制限づけられた存在者が平等であるための方法が示されている。

自由と平等が両立可能であるのは、いわば回転的な、交互的な仕方においてのみ、交替においてのみである。有限な存在の絶対的自由（ここで私たちが語っているのはこの有限性のことである）が公平に分有可能であるのは、代わるがわるの時空〔espace-temps d'un tour-à-tour〕においてのみ、すなわち二重の循環においてのみである。〔Derrida 2003=2009: 46-47=59-60〕

カントが『純粋理性批判』の超越論的感性論で述べているように、私たちの感性には「ア・プリオリな認識の原理としての感性的直観のふたつの純粋形式、すなわち空間と時間」〔Kant 1781/1787=2005: A22/B36〕の形式が備わっており、この形式自体をつくり変えることはできない。それこそがカント的な意味での有限性だが、より具体的な状況を思い浮かべてみれば、すべてのひとがまったく同じ時間・空間のなかで平等であることを一挙に実現することはできないだろう。そこには必ず前後、左右、上下といった関係性が生じてしまうからだ。そうであれば、この前後、左右、上下の枠組みそのものを変化させるのではなく、それぞれに位置づけられる中身のほうを入れ替えることで平等を目指すことができるのではないかとデリダは考える。たとえば、上座に着席していた者が下座に移動したり、ある場において最も力を有していた者が別の者に代わったり、与党が野党に政権交代したりすることが可能であるという状態が、民主主義の基盤をなしているということだ。「代わるがわるの時空」という表現によってデリダが言わんとしているのは、人間存在が避けがたく時間や空間に条件づけられているからこそ、まさに順序や配置を転換することで可能となる有限な平等性なのである。

このような輪番的形態を有する民主主義は、時間と空間における転位を絶えず行なうことで権力の一極集中を防ぎ、支配／被支配の固定的な関係を打破する思想である。空間と時間を占有することは、その時空における支配を意味する。特定の人物が最もよい席に居座りつづけ、つねに優先されるようなことがあれば、そこで支配的な振る舞いをしているのはその当人だということになるだろう。万人が平等かつ自由であるためには、こうした状況を避けなければならない。その意味で、時間と空間のなかでのひとびとの入れ替わりは、一時的にであれ誰が支配するか、誰に支配されるかという問題につながっている。「代わるがわるの時空」と支配の関係については、デリダが『ならず者たち』でアリストテレスの『政治学』を引用し、自身の議論の呼び水としているため確認しておこう。

自由のもうひとつの要素は、ひとが自分の望むままに生きることである。なぜなら、彼らの主張によれば、望まない仕方で生きることが奴隷の生き方である以上、望むままに生きることは自由の所産にほかならないからである。したがって、これが民主制の第二の特徴ということになる。

そしてここから、できれば誰からも支配されないことが、あるいはそれが叶わないならば、代わるがわる支配と被支配を務めることが要求されるようになったのである。まさにこのような仕方で、民主制の第二の特徴は平等にもとづく自由に貢献しているのである。〔アリストテレス 2018: 1317b10, Derrida 2003=2009: 46=59〕

私たちが誰からの支配も受けないということはおそらく困難であろう。この世界に人間が複数人で存在し、時間と空間のなかでしか生きられないとすれば、そこには必然的に前後、左右、上下という関係性が生じ、各人の優劣を決めうる価値判断が付随してくる。そのような条件下では「代わるがわる」という仕方でしか支配されないこと、誰かの下に服することもあれば、誰かの上に立つこともあるといった状況を可能にすることが、硬直した支配／被支配関係を阻む方法となる。「結婚式のデモクラシー」の実践に倣えば、披露宴の場を支配するかのように新郎や新郎の父だけがマイクをもつことをやめ、新婦がその場を取り仕切る機会も設けることで、力の分散を行なうことができる。同時に、「結婚式のデモクラシー」は異性間の結婚式だけを想定するものでもない。たとえば同性間の結婚式では、どのような仕方で立ち位置や座席位置を決めるというのだろうか。これまでどおりにはいかないはずである。重視すべきはやはり「代わるがわる」だ。そうすることによってのみ、私たちは限りある時間と空間のなかで平等性を実現することができる。このように、デリダはアリストテレスの民主制にかんする議論に依拠しながら(3)、「円を描く順番〔tour circulaire〕」、そして「代わるがわる〔tour à tour〕」、「各自順番に〔chacun son tour, à tour de rôle〕」」〔Derrida 2003=2009: 46=58〕という回転性こそが民主主義の特徴であることを示すのである。

「結婚式のデモクラシー」を理論的に支えているのは、デリダの「来るべき民主主義」の鍵となる「代わるがわる」の運動性であった。ある者が現在占めている地位を別の者に替えることができるという発想は、各人がいかなる長所を備えているか、いかなる属性をもっているかが問題なのではなく「数による平等」を前提としている。それがベースにあるのならば、数の分だけ車輪を回し、時間と空間における転位をくりかえせばよい。にもかかわらず、なぜ私たちはそうしたことを容易に実行に移すことができないのか。なぜいつも年賀状には夫→妻の順で名前を書いてしまうのか。

3 形式に潜む理念

そこには明らかに形式の問題がある。形式とは、私たちが仕事や学業を進めるうえでも、冠婚葬祭や人付き合いの面においても、それに則ることが常識とされている一定の法則である。手紙やレポートの書き方、名刺の渡し方、その場に適しているとされる服装や立ち居振る舞いに至るまで、形式は私たちが円滑に物事を運ぶために守るべきものとして君臨している。形式が形式であるかぎり、そこには職位や続柄に応じて指定された順序や配置がある。つまり「代わるがわる」の運動はこの形式と相性が悪いということだ。優先すべきは形式か、それとも民主的な「代わるがわる」か。たとえ平等や自由のための思想であったとしても、「結婚式のデモクラシー」は形式を損なうという点において批判されるべきものなのだろうか。

日本の結婚式に残る男尊女卑に心を傷めるひとがいる一方で、「たんなる形式なのに気にしすぎではないか」という意見が出ることもある。たしかに、形式とは私たちが遵守してさえいれば相手に躓きを与えずに済むものだ。どんなに素晴らしい内容の論文でも形式が整っていなければ審査の対象外となるように、形式はある関門をパスするための条件となっている。だが、そもそも形式はたんなる形式にすぎないのか。哲学的な観点を差し挟めば、それほど単純な問題ではないことがわかる。

「形式」とは英語の“Form”であり、形、形状、形態、外観や姿とともに、書式や決まり文句、やや古い用法では型にはまったやり方、慣例、儀礼、礼儀作法などを意味する。哲学の文脈ではどうかというと、“Form”はプラトン哲学における「イデア」を指しており、“The theory of Forms”でプラトン哲学を一言で表す「イデア論」となる。「イデア」とは万物の非物質的な本質であり、肉体的な眼で見ることは叶わないが、あらゆる個物の原型として魂がかつて見ていたとされるものである。

いまひとがあるものを見て、こういうことに思い及んだとする。「自分が現に見ているこのものは、何か存在する別のものの在り方と同じような仕方で在りたいと求めているが、しかし及ばないところがあり、かのものの在るように、そのように在ることはできず、それより劣ったものでしかないのだ」と。さて、もしひとがそのことに思い及んだとすれば、そのひとは、そのかのものを――つまり、このものがそれと似ているが、しかし及ばないところがあるというそのものを

――それ以前にどこかで知っていたことが必然となるのではないか。［プラトン 1975: 74E］

「かのもの」は「イデア」、「このもの」は眼の前にある個物を指している。たとえば私たちが見て美しいと思う花はさまざまな美しいもののひとつだが、それを美しいものたらしめている美そのものは私たちが生きる感覚的な世界を超えたところにある。それが「イデア」であり、そちらのほうが真に実在するものだとプラトンは考えた。なぜなら、感覚的な世界にある美しいものは、花が枯れるように、時間が経つにつれて美しいものではなくなってしまうからである。それゆえ美そのものが永遠に変化しないのに対して、変化する美しいものは劣っているとされる。言い換えれば、美しいものは美そのものを理想として目指しはするものの、美そのものには到達しえない似姿でしかない。このように、「イデア」とはたんなる形ではなく、さまざまな個物のあるべき姿として、その理念として存在するものなのである。

そうであれば、形式とはたんなる形式ではけっしてなく、それを遵守する人間を何らかの理想へと導き、その場に応じたあるべき形を実現させる機能を備えたひとつの思想だと言える。すなわち従来の結婚式と「結婚式のデモクラシー」の対立は、形式と思想の対立ではなく、思想と思想の対立なのだ。ある政治と別の政治の対立であると言ってもよい。「結婚式のデモクラシー」は形式を蔑ろにしているというよりも、そこに潜む「かくあるべし」という理念に抵抗しているのである。

こうしたことは、ちょうど結婚を控えながら、妻としてのあるべき姿に抗いつづける女性が登場する映画『燃ゆる女の肖像』からも読み取ることができるだろう。二〇一九年公開のセリーヌ・シアマ監督・脚本によるこの作品では、一八世紀後半のブルターニュを舞台に、ミラノに嫁ぐ予定の令嬢エロイーズと女性画家マリアンヌとの恋愛が描き出されている。結婚相手に贈るための肖像画制作を拒否するエロイーズに手を焼き、彼女の母親である伯爵夫人は、画家であることを伏せて娘に接近すること、そして本人に悟られないうちに肖像画を完成させることをマリアンヌに依頼する。その際、伯爵夫人はマリアンヌに次のように打ち明けるのだ。

伯爵夫人「この肖像画だけど――私より先に館に来ていたの。私が来たときにはこの壁にあって、私を待っていた」［Sciamma 2019: 00: 16: 14-00: 16: 28］

館の壁にかかる肖像画
（『燃ゆる女の肖像』より）

花嫁よりも先に肖像画が結婚相手のもとに届く。かつて自分が経験したのと同じことが娘の身にも起こることを、伯爵夫人は知っている。このことは、どのような意味をもつのだろうか。手がかりになるのは、画家であることを明かしたマリアンヌが、エロイーズに隠れて描いた肖像画を本人に見せる場面である。

マリアンヌ「ご感想は?」
エロイーズ「これが私?」
エロイーズ「こう見えます?」
マリアンヌ「ええ」
マリアンヌ「誰の目にも」
エロイーズ「どういう意味?」
マリアンヌ「〔肖像画では〕規律、しきたり、観念が支配しています〔Il y a des règles, des conventions, des idées〕」
エロイーズ「そこに生はないということですか? 私の存在はないと?〔Vous voulez dire qu'il n'y a pas de vie…pas de présence ?〕」〔Sciamma 2019: 00: 49: 17- 00: 49: 57〕

仏頂面をつづけるエロイーズの前に、作中ではそれまで見せたことのない微笑を携えた自身の肖像画が置かれている。マリアンヌは、プラトンの「イデア」にあたるフランス語 « idée » を含む「規律、しきたり、観念」を表すのが肖像画の役割であると述べ、妻として守るべき秩序が肖像画に描き込まれていることを示唆する。けれどもエロイーズはそこに、いまここを生きるみずからの生命や躍動感が表現されていないとして、マリアンヌを非難する。そうしてマリアンヌは、あらためてエロイーズをモデルにした別の肖像画を描くことを決心するのである。

花嫁に先んじて花婿やその家族に見られる肖像画は、花嫁が今後いかにあるべきかを示す理想像として機能している。肖像画のもとにあとからやってくる花嫁のほうが、肖像画が提示するイメージに自分自身を合わせていかなければならないのだ。そうでなければ、夫やその家族のなかにすでに住まっている彼女のイメージを壊すことになってしまう。この時代における花嫁の肖像画制作という儀礼的な形式においてもまた、女性の個別的な生を封じ込め、妻としての理想を目指すよう強いる思想が内包されていたのである。

画家マリアンヌが肖像画について答える場面
（『燃ゆる女の肖像』より）

このように見てみれば、やはり形式にはつねにすでに理念が入り込んでいる。たとえたんなる形式として形骸化されていたとしても、ひとつの形式に則って何かを行なうということは、はっきりと自覚することなくそこに隠された理念に同意し、知らず知らずのうちに理想やあるべき姿にみずからを従属させていくことにほかならない。そのため、ある形式を踏襲しないことは、それをとおして体現される理念に絡めとられないようにするための勇気や決断を必要とする。エロイーズのように頑なでなければ、私たちはすぐに「形式に従え」という暗黙の命令に屈してしまうのである。

4 正しさとその無根拠性

それにしても、なぜこれほどまでに形式に従うことが求められているのか。マナーや規則として提示され、大多数がそれを守ろうとする形式に、少しでも気を抜けば私たちはいとも簡単に取り込まれてしまう。法的な婚姻時に妻の姓を選択したり、事実婚にせざるをえなかったりした場合に外野から「なぜ?」と聞かれるように、「当たり前」から外れたことをするにはもっともらしい理由が必要とされるようだ。つまり一般的な形式こそが正しいとされているのである。この正しさは何に支えられているのだろうか。「結婚式のデモクラシー」とは、正しさからの逸脱なのか。

この問いに応えるために、再度デリダの思想を導きの糸として見ていきたい。彼は『法の力』で法と正しさの関係を論じているが、ここでの法は「つねに権威づけられた力であり、みずからを適用することに対して自己正当化したり、他から正当化してもらったりする力」[Derrida 1994=2011: 17=11] のことである。高橋哲哉も認めるように、デリダにとっての法とは「実定法という意味での「法律」や自然法などにとどまらず、一般にある行為がそれに従って正統 (légitime) であるといわれるようなすべての「権威」をさす」[高橋 2015: 199] 以上、結婚式において守るべき法として機能している形式をも含み込んでいる。しかし、形式としての法が適用され力をもつためには、法自身がみずからの正しさを証明するか、他者から正しいものとして承認されなければならない。別様に言えば、何らかの働きかけなしに、ただそこにあるだけで法が正しさや力をもつわけではないということだ。

> 法は、みずからを定立し、法そのものを保存することに関心がある。あるいは、まさに法が表す関心を再現前化することに関心がある。〔…〕自身の秩序を脅かすさまざまな個人的暴力を排除しようとするのは正常なことであり、それ固有の関心からして当然である。かくして法は、自身のためにこそ暴力を独占するのだ。［Derrida 1994=2011: 83=103］

法はおのれを維持することに専心している。法の注意は自身とその正しさにのみ向けられており、自己以外が力をもつ状態を退け、暴力がみずからに集中することを可能にする。それにより法は自己閉鎖的なシステムを構築するのだが、にもかかわらずそれは静態的なものではなく「再現前化」という力動性を備えている。すなわち法は自身の正しさを一度だけ表して満足するのではなく、つねにふたたび表すことを欲するのだ。表現を変えれば、法の正当性はくりかえしのなかでしか確証されえないのである。デリダも次のように述べている。

> 法を基礎づける暴力は自己の反復〔répétition〕を要求し、保存されるべきもの、保存可能なもの、遺産や伝統となることが約束され、分け与えられることが約束されるべきものを基礎づけるが、こうしたことは法を基礎づける暴力の構造に属しているのである。［Derrida 1994=2011: 94=119］

結婚式に引きつけて考えてみれば、そこで踏襲される形式としての法は、いまでこそブライダル業界のマニュアルにおいて成文法のように定められている場合も多いだろうが、不文法のように慣習や慣例により法としての正当性が保たれてきた部分が大きいように思われる。ひとつの形式が多くのひとびとに採用されつづけることで、それは伝統として、正しい在り方としてそのつど保存されていく。そして暴力とも結びつけられているように、法は反復によってこそ力や権威を増大させ、正しさのお墨つきをみずからに与えることになるのだ。くりかえしのなかでパターン化されてきたものは、ひとびとに思考そのものを放棄させることすら可能にする。形式に潜む理念に気づかず、形式をたんなる形式として私たちが受け取ってしまう原因は、法に固有なそれ自身の再現前化と循環運動のうちに求められるだろう。このようにして法は本質的に同じものの反復を要請するのである。

同じものの反復は「結婚式のデモクラシー」が提案する「代わるがわる」とは相容れない性質のものだ。それはくりかえしのなかで同じものを再生産し、配置を固定し、関係性におけるパワーバランスを硬直させる。そのようにして法はみずからの正しさを証し立て、その法が正しいと見なされる現実をつくりあげていく。ただし、裏を返せば次のように考えることもできるのではないだろうか。そもそも反復なしにはその正当性を維持することができないという点に、法の根源的な無根拠性があるのだと。ひとつの法が法として君臨しつづける唯一絶対の根拠など、どこにもないのだと。

「権威の起源、法の基礎づけや根拠、法の定立が最後に拠りどころとしうるのは、その定義からして自分自身でしかないのだから、これら自体は根拠を欠いた暴力である」［Derrida 1994=2011: 34=33］とデリダも言う。法は自分とは異なるものを土台としてつくられるのではない。そこには何かの起源を別の何かに求めるような送り返しの構造は見られず、はじまりにおいて法は自己自身の暴力的な創設をとおして根拠なしに成り立つのである。

法を基礎づけ、創始し、正当化することになる操作、つまりは掟をつくる＝場を支配する〔faire la loi〕操作を成り立たせているのは実力行使であり、行為遂行的な暴力、それゆえ解釈的な暴力であろう。この暴力そのものは、正しいとも正しくないとも言えない。［Derrida 1994=2011: 32-33=31］

したがって、法はその創設の瞬間に、正しいか正しくないかという基準では測りえないものを内部に宿したまま定立される。法を定めることを可能にしているのは法を定めるという行為そのものであり、その法が正しいから法となっているわけではない。ここで注目すべきは「解釈的な暴力」という表現であろう。デリダによれば、解釈とはあるものを読み替えることであり、そこに変革の可能性を見出すことである［Derrida 1994=2011: 34-36=33-36］。「解釈的な暴力」、言い換えれば、別様に理解する可能性を排除しきれないまま遂行された暴力によって法がつくられるのであれば、法を変形させることもまた可能なのだ。そのことをデリダは「法は本質的に脱構築可能である」と断言する。

あらゆる法とその正しさが根源的に無根拠であるからこそ、通常正しいとされている法は決定的ではなく、私たちはそこに介入して別のものにつくり変えることができる。以上から、「結婚式のデモクラシー」とは既存の結婚式における形式を内側から変形させることで唯一絶対の正しさを毀損するものでもなければ、正しさそのものの廃棄でもない。それは、これまで根拠なしに正しいとされてきたものを別様に解釈し、従来とは異なる正しさの可能性を見出すことで、結婚式を新たな法や形式のもとへと導いていく脱構築だと言えるのである。

5　反復可能性と内側からの開け

「結婚式のデモクラシー」は、同じものの反復である従来の結婚式の法や形式に差異を導入し、その見せかけの閉域を抉じ開けていくのだが、重要なのは法や形式が本質的に有している反復可能性だとデリダは考える。トートロジーにも聞こえるこの論理は、反復が同じものを再生産するとともに、他なるものへの変容可能性を生み出す契機でもあることを示そうとしている。

実際、デリダは『法の力』で法の定立作用と維持作用のあいだには「差延による汚染〔*contamination différantielle*〕」があると述べ、「反復〔répétition〕」をもとにした「反復性〔répétitivité〕」ではなく「反復〔itération〕」をもとにした「反復可能性〔itérabilité〕」という言葉を用いている［Derrida 1994=2011: 94=120］。このふたつの「反復」は何が異なるのか。『哲学の余白』所収の「署名　出来事　コンテクスト」に遡れば、「反復可能性〔itérabilité〕」にかんする次のような語源学的説明がみられる。

「ふたたび」を意味する*iter*は、サンスクリット語で「他の」を指す*itara*に由来するという。以下に述べることはすべて、反復〔répétition〕を他性〔altérité〕に結びつける論理の開発として読むことができる。［Derrida 1972=2022: 375=241］

デリダはここで「反復〔itération〕」が差異を含むくりかえしであると述べ、同じものの反復である「反復〔répétition〕」とは明確に区別している。反復には両義的な側面があり、機械的かつ形式的なくりかえしのなかで同一性を成り立たせる運動と、別様になる可能性を同一性のうちに招き入れる運動があるということだ。『法の力』では後者が「差延による汚染」と表現されていた。同じものの反復が真円を描くようにくるくると回りつづけるなかで、時折その軌道を外れて楕円を描いてしまうような可能性がそこには組み込まれている。反復や循環やループの構造は、それが回りつづけるかぎりで、他なるものの侵入を許す余地をつくってしまうと言うことができるだろう。

この論理は、現代フランス哲学を参照しながら、政治哲学やフェミニスト法哲学を展開しているドゥルシラ・コーネルの著作でも踏襲されている。彼女は『限界の哲学』でデリダの議論に賛意を示しながら「同じもののくりかえしは変容〔transformation〕として「ある」」と述べ、同一性のなかに自己超越性へと開かれる契機を看取する［Cornell 1992=2007: 109=215］。ここで想起しておきたいのは「結婚式のデモクラシー」がこれまでの結婚式の在り方を完全に放棄したり、外側からそれに対置させるものを打ち立てて攻撃したりするような構造をもたない点である。要するにそれは内側を組み替え、同じものを反復するシステムの内部に侵入することで他化の働きを発動させるのだ。

回帰性は王国あるいはシステムを、少なくとも事実上の存在論として築き上げる〔…〕。他方で、差延は未来を現在の地平のひとつに還元することによって未来を支配する当の主張を、その内側から切り崩していく。［Cornell 1992=2007: 131=258］

同じものの反復はみずからの自己同一性を成り立たせるために現在をくりかえし、現在をそのまま延長したものとして未来を捉える時間性のうちにある。けれども反復のうちに差異を差し挟む運動は、現在を攪乱し、現在にもとづく予測や計算からは到達しえない未来を描き出そうとする。それはすでにあったことを到来させる未来ではなく、かつて存在したことのない未来だ。コーネルは「社会システムと法システムの「現在」が、女性たちを根本から脅かしている」［Cornell 1992=2007: 144=282］と考え、それらをデリダの議論にもとづきながら脱構築しようと試みる。「結婚式のデモクラシー」も彼女と同じ視点に立っている。結婚式に臨む女性たちを劣位に貶め、「第二の性」であることをまざまざと思い知らせる既存のシステムの現在を途絶させること、そして結婚する者たちの平等性を体現するかつて存在したことのない未来へと開かれていくことを、私たちは望んでいるのである。

6 窃取と古名の戦略

これまで見てきたように「結婚式のデモクラシー」は輪番制にもとづく「代わるがわる」を実践す

ることで、結婚する者たちの役割や力関係が固定されるのを防ぎ、時間と空間の有限性のなかで可能なかぎり平等性を実現しようとするものであった。それは一般に正しいとされてきた形式や法を侵犯するような「過激」な思想ではないとしても、形式や法に潜む家父長的かつ男尊女卑的な理念に抵抗し、それらが主張する正しさに根拠がないことを暴く論理性を備えている。こうした企ては、従来のシステムに別のシステムを対置させることもなければ、「そんなに結婚式が嫌なら、やらなければいいじゃないか」と言うことで、結局のところ既存の結婚式の温存に加担することもない。「結婚式のデモクラシー」は結婚式というシステムに入り込み、その中身を組み替えることで、内側からこれを解体する。保守的にも見える素振りで平然と現在のシステムに取り憑き、これを汚染し、変容させるのだ。デリダが提唱した脱構築とは、このように泥棒的な性格をもつ思想なのである。

脱構築と窃取が近しい関係にあることを、デリダとの共著もあるエクリチュール・フェミニンの作家エレーヌ・シクスーは次のように指摘する。

> 問題になっているのは、男性の道具、男性の概念、男性の場所を我有化することでもなければ、支配者である彼らの地位に就きたいと望むことでもありません。〔…〕自分のものにするために、あるいは操作するために奪取するのではなく、いっきに横断し、「盗む〔voler〕」(4)のです。［Cixous 2010［1975］=1993: 58=32-33］

「結婚式のデモクラシー」が目指すのは、男尊女卑の反転としての女尊男卑ではけっしてない。これまでの歴史において男性たちが占めてきた位置を女性たちだけで独占しようとすれば、それは転倒した同じものの反復に陥ってしまうだろう。だからこそシクスーが言うように、女性は男性中心主義的なシステムの隣に女性中心主義的なシステムを打ち立てるのではなく、既存のシステムに従ったふりをしながら、その一部を掠め取り、内部を蝕んでいく。これが男尊女卑的な構造を反復・強化しないための脱構築的な身振りなのである。

同時に「結婚式のデモクラシー」では、簒取が言葉のうえにも生じている。伝統的な結婚式が守りつづけてきた要素を廃し、つくり変えていくのであれば、もはやそれを「結婚式」と呼ぶ必要はないのかもしれない。けれども「用語こそが重要なのだ」[Brake 2012=2019: 186=309]。ブレイクが提唱した「最小結婚」は、性別や性愛をはじめとするさまざまな差別や規範を脱していく方向で、婚姻における既存の法的枠組みに変化を迫る。その意味で「最小結婚」もまた、必ずしも「結婚」という語を伴わずに表現できる思想ではあるだろう。にもかかわらず、これを「最小「結婚」」と呼ぶ目的は、過去の国家による差別の是正にある」とともに「社会的意味に混乱を持ち込む」ことにある[Brake 2012=2019: 186-187=310]。つまりブレイクは「結婚」という言葉の歴史において変革を起こそうとしているのである。仮にこの表現を用いなかったとすれば、「最小結婚」は「結婚」という語が置かれてきた意味の歴史に手がかりをもつことができず、それを是正したとも言えなくなってしまうだろう。

したがって「最小結婚」と「結婚式のデモクラシー」は、「結婚」や「結婚式」という言葉をめぐるこれまでの歴史を引き受けたうえで、それらにおける従来の意味や規範をどれだけ脱し、よりよいかたちに変えることができたのかを示すために、あえて古い名を使いつづけている。それこそが、長きにわたって反復されてきたもののなかに差異を忍び込ませ、新たな可能性を開示するための戦略なのである。

〈注〉

（1）竹下郁子「結婚式の〝謎ルール破り〟をしてみた。新郎ファーストも○○家もやめて起きたことは？」Business Insider Japan、二〇二〇年一月六日、https://www.businessinsider.jp/post-205188（最終閲覧二〇二二年七月五日）。小林未来、田中聡子、前田朱莉亜、山本奈朱香「（フォーラム）嫁、主人、家はいま：1　結婚式まで」朝日新聞（朝日新聞デジタル）、二〇二一年九月五日、https://www.asahi.com/articles/DA3S15033532.html（最終閲覧二〇二二年七月五日）。小林直子「コロナ禍が変えた結婚式のスタイル　式場支配人が気づいた政治の論点」朝日新聞（朝日新聞デジタル）、二〇二一年十月十八日、https://www.asahi.com/articles/ASPBK62Q8PB8UTIL03X.html（最終閲覧二〇二二年七月五日）。

（2）「結婚式のデモクラシー」について筆者が以前に発表した小文については下記を参照のこと。横田祐美子「結婚式のデモクラシー」（研究手帖）『現代思想』第四七巻第八号、青土社、二〇一九年六月、二四六頁。横田祐美子「私が「男尊女卑・家父長制」を退けた「結婚式」を挙げた理由——結婚式のデモクラシー／脱構築の実践」『現代ビジネス』講談社、二〇一九年十二月十日、https://gendai.ismedia.jp/articles/-/69042（最終閲覧二〇二二年七月五日）。柳原恵×横田祐美子「人間関係のデモクラシー——〝家族〟から思考する」、立命館大学教養教育センター編『自由に生きるための知性とはなにか――リベラルアーツで未来をひらく』晶文社、二〇二一年。
（3）アリストテレス自身は批判すべき政治体制のひとつとして民主制を挙げている。デリダの議論は、アリストテレスを積極的に読み替えたものとして理解されうる。
（4）フランス語の《voler》には「盗む」とともに「飛ぶ」の意味もあり、シクスーはこの語に二重の意味の負荷をかけているが、これについては本稿では割愛する。

〈参考文献〉

※引用の際には、適宜既訳を参照したが、拙訳となっている箇所が多いことをお断りしておく。
アリストテレス 2018『政治学』『アリストテレス全集17』神崎繁・相澤康隆・瀬口昌久訳、岩波書店。（引用の際には慣例に従い、ベッカー版全集の頁数と左右欄区別ならびに行数を略記した。）
石井研士 2005『結婚式　幸せを創る儀式』ＮＨＫブックス。
生活記録研究所編 1956『結婚改善のしおり――その実例』新生活運動協会。
高橋哲哉 2015『デリダ――脱構築と正義』講談社学術文庫。
中村敏子 2021『女性差別はどう作られてきたか』集英社新書。
プラトン 1975『パイドン』『プラトン全集1』今林万里子・田中美知太郎・松永雄二訳、岩波書店。（引用の際には慣例に従い、ステファヌス版全集の頁数と段落番号を略記した。）
Brake, Elizabeth 2012, *Minimizing marriage : marriage, morality, and the law*, Oxford University Press.（＝ 2019, 久保田裕之監訳、羽生有希・藤間公太・本多真隆・佐藤美和・松田和樹・阪井裕一郎訳『最小の結婚――結婚をめぐる法と道徳』白澤社）

Cixous, Hélène 2010 [1975] , *Le rire de la Méduse : et autres ironies*, préface de Frédéric Regard, Galilée.（＝ 1993, 松本伊瑳子・国領苑子・藤倉恵子訳『メデューサの笑い』紀伊國屋書店）

Cornell, Drucilla 1992, *The philosophy of the limit*, Routledge.（＝ 2007, 仲正昌樹監訳・澤里岳史・堀田義太郎・西山雄二・細見佳子・水島和則・ギブソン松井佳子・小久見祥恵訳『限界の哲学』御茶の水書房）

Derrida, Jacques 1972, *Marges de la philosophie*, Éditions de Minuit.（＝ 2022, 藤本一勇訳『哲学の余白（下）』新装版、法政大学出版局）

――― 1994, *Force de loi : le « fondement mystique de l'autorité »*, Galilée.（＝ 2011, 堅田研一訳『法の力』法政大学出版局）

――― 2003, *Voyous: deux essais sur la raison*, Galilée.（＝ 2009, 鵜飼哲・高橋哲哉訳『ならず者たち』みすず書房）

Kant, Immanuel 1781/1787, *Kritik der reinen Vernunft*, Nach der ersten und zweiten Originalausgabe ; herausgegeben von Jens Timmermann ; Mit einer Bibliographie von Heiner Klemme, Felix Meiner, Philosophische Bibliothek, Bd. 505, 1998.（＝ 2005, 原佑訳『純粋理性批判　上』平凡社ライブラリー。引用の際には慣例に従い、一七八一年の第一版をA、一七八七年の第二版をBと略記し頁数を記した。）

〈映像作品〉

※映像作品の引用にあたっては、経過時間（00:00:00）を記載した。

Sciamma, Céline 2019, *Portrait de la jeune fille en feu*, Lilies Films.（＝ 2021,『燃ゆる女の肖像』Blu-ray, GABS-2360, Gaga Communications.）

第3章　一夫一婦制を超えて／のなかで生きる
――米国ポリアモリーの現在

深海菊絵

1　結婚の多元化論を検討するために

近年、米国における従来の結婚観――結婚は一人の男性と女性を前提とするという認識――に変化が生じている。米国調査会社ギャラップ社が二〇二一年に行なった世論調査によると、米国人の七〇％が同性婚を法律上認めることを支持している。この結果は一九九六年に調査を開始して以来、最も高い支持率である。また、同社による二〇二〇年の世論調査では、ポリガミー（複婚）をモラル的に許容することができると回答したのは二〇％であり、二〇〇三年の七％から大幅に上昇している［Gallup 2020, 2021］。

この調査結果からは多様な結婚のあり方に対する社会的容認が進んでいることがわかる。だが、婚姻法においては現在もなお、ある特定の承認された関係のみが法的、経済的、社会的利益を特権的に享受する構造が維持されている。本章で対象とする「合意に基づいた非モノガミー[1]」であるポリアモリー（polyamory）は、米国の婚姻制度から排除されている関係の一つである。米国の婚姻法は日本と同様に、結婚相手を一人とするモノガミー（一夫一婦制）である。結婚相手の人数を規制するモノガミー規範は、結婚相手を一人とすることを正常化するプロセスに結びつき、非モノガミー関係を「逸脱」とする差別意識を生み出す。また、非モノガミー関係を築く人びとは結婚に付随する多くの権利を持たず、法の側面からみても差別的な状況に置かれている。このような事態は、本来であれば生の基盤を多様な形で築くことのできる人間の可能性が、婚姻法によって予め制限されていることをも示唆している。それでは、ポリアモリーを含む多様なサポート関係を承認し、生の基盤が法からの妨害を受けて貧困化されないような法律があるとすれば、それはどのようなものなのだろうか。

結婚をめぐって、さまざまな立場からそれぞれの主張が繰り広げられている。その見取り図を非常に単純化して提示するならば、次のようになる。現在の婚姻制度を支持する者と支持しない者との二つの立場があり、後者は結婚の改変を目指す方向と結婚の廃止を目指す方向に分岐している。この図式を踏まえて、同性婚に対するクィア理論の両義性に目を向けてみよう。同性婚の承認は同性に結婚を拡張することで結婚を内側からずらしていく可能性を持つ。しかし同時に、現在の社会制度に組み込まれることによって、結婚の有する不均衡な権力が不問とされてしまうという問題を抱える［小泉 2009］。

このようなジレンマを脱し、「関係の貧困化」を克服するような方途のひとつとして、エリザベス・ブレイクの「最小結婚」の議論が挙げられる［ブレイク 2019］。ブレイクの提起する「最小結婚」とは、結婚の制度的枠組みをリベラリズムと両立可能な程度まで縮小させ、結婚に課せられた制約を削ぎ落とすような結婚である。ブレイクの議論の目的は、多様なケア関係を支えるより柔軟な法律のための哲学的正当化を行なうことであるという。「最小結婚」の斬新な点は、結婚を性愛関係のみならず友人関係にも拡張し、またいかなる個人も複数の相手と婚姻関係を持つことができるとする点である。[2]ブレイクが結婚の廃止ではなく結婚の改変に希望を見出す理由は、「結婚」というタームを放棄しないことによって過去の国家による不正義を正すためである。ただしブレイクの用いる「結婚」は、もはや現在の結婚からかけ離れたものであるため、「最小結婚」は既存の婚姻制度への同化を意味しない。ブレイクの展開するラディカルな結婚の民主化の議論は、結婚の多元化の実現に向けて新たな視点を付け加えるものである。

本論の目的は、結婚の多元化について検討する際の素地を、米国のポリアモリーの事例を通して読者に提供することである。[3]より具体的には、米国ポリアモリーの文脈から現在の結婚が内包する不均衡さを明らかにすることで婚姻制度を再考する必要性を示すと同時に、ブレイクの提起する「最小結婚」の可能性と問題点を検討する。さらに本論では、ポリアモリー社会と「最小結婚」が実現した社会をアナロジーで結びつけることを試みたい。アナロジーとは二つの対象に構造的類似を喚起することで、一方の未知な側面を別の対象の既知な側面へと対応させて推論する手法である［春日 2016: 6］。

アナロジーは厳密な論理でないが、私たちにとって未知数の高い「最小結婚」の利点や難点を推測する際に役立つであろう。次節ではポリアモリーの概要を簡単に確認しておこう。

2 一夫一婦制に囚われずに生きる

(1) ポリアモリー

ポリアモリーとは、合意に基づいて複数の性愛関係を築く実践や生き方を指す。「ポリアモリー」という語は一九九〇年代初頭に米国でつくられた造語であり、ギリシア語の「複数(poly)」とラテン語の「愛(amor)」に由来する。ポリアモリーの定義は一義的ではないが、「合意」や「責任」という言葉とともに定義されることが多い。

合意を旨とするポリアモリーは、パートナーに隠れて他の人と性愛関係を築くこととは区別される。また、ポリアモリーは一方のジェンダーだけが複数のパートナーをもつことのできる一夫多妻や一妻多夫とも異なる。ポリアモリーではジェンダーにかかわらず複数のパートナーをもつ自由があると考えられており、関係構築においてもジェンダーの平等が強調される。さらに言えば、一夫多妻や一妻多夫は社会規範や教義によって定められているのに対し、ポリアモリーでは社会規範に対する主体的な選択であることが強調される。「なにかに強制されたわけでなく、自分で選んだ道です」「自分たちにとって一番いいかたちを選びました」という言葉に表れているように、ポリアモリー実践者たちの間には社会規範に囚われずに自らの愛のあり方を意識的に選択することを重要とする考えが広く見られる。

ポリアモリーの実践者や共鳴者の数を正確に把握することは難しいが、いくつかの統計を参照することができるだろう。合意のある非モノガミー関係を調査したコンリーらは、アメリカ人のおよそ四％から五％の人が、なんらかの合意のある非モノガミーを実践していると報告している［Conley et al. 2012］。米国独身者に対して行なわれたムアーズらの調査では、九人に一人（一〇・七％）が人生のある地点でポリアモラスな関係を経験したことがあると回答している［Moors et al. 2021］。現在、米国には多数のポリアモリー・グループが存在しており、また米国におけるポリアモリーの社会的認知度は高まってきている。

（２）多様な背景と形態

人びとがポリアモリー実践に至る背景は様々である。例を挙げよう。既に恋人がいる人が恋人以外の人も好きになり、両者に二人と関係を築きたいという想いを告白したことから始まるケースがある。また、セックスに対するモチベーションに違いのある夫婦が、別れることなく互いの希望を満たすためにポリアモリーを選択することがある。仕事の関係で遠距離となったカップルが、近くに自分を支えてくれる人物もいてほしいと考えて互いに別の恋人を作ることに同意するケースもある。これらのように自分たちの状況や欲望を背景とするケース以外にも、ジェンダー平等の強調などポリアモリーの思想的側面に魅力を感じてポリアモリーに参与する人もいる。

続いて、ポリアモリーの実践のあり方や形態について、三つの例を挙げながらみていきたい。最初に紹介するのはマークの事例である。マークは妻と子と一緒に暮らす一方で、別の州で暮らす恋人のもとを三カ月に一度訪れている。マークと妻の関係に目を向けると、かれらは性愛を婚姻関係に閉じないことに合意している。[4] この事例のように結婚しながらポリアモリーを実践しているケースは少なくない。マークの妻とマークの恋人の関係に目を向けると、彼女たちは互いの存在を知りつつも実際には会ったことがない。このようにパートナーを介した二者が面識のない場合もあれば、一緒に暮らしている場合もある。

次に紹介するのはエレンの事例である。エレンは夫と恋人と暮らしており、夫と恋人もパートナー関係にある。エレンたちのように、互いに愛し合う三人によって構成された形態は「トライアッド(Triad)」と呼ばれる。また、二組の夫婦やカップルがそれぞれのパートナーをパートナーとしている四人から構成された形態は「クワッド(Quad)」と呼ばれる。「トライアッド」や「クワッド」は、全員が顔の見える関係にあり、グループとしての意識を持っている。これらのグループは、性愛関係をグループ内に限定している場合と個々のメンバーがグループ外の人とも性愛関係を築くことを認めている場合がある。

最後に紹介するのはアンバーの事例である。アンバーには三人の恋人がいて、そのなかにはセックスをする恋人もいれば、プラトニックな関係の恋人もいる。アンバーの恋人の一人がそうであるように、ポリアモラスな関係のなかに性的な繋がりを求めない指向をもったアセクシュアルが含まれるケースがある。また、互いを重要な存在としながら、現在は性的な結びつきを持たない夫婦が含まれる場合は少なくない。さらに、パートナーを介した性的な結びつきのない二者が、互いを「かけがえのない存在」としてサポート関係にある場合もある。このようにポリアモリーでは、性的結びつきを介さずに互いの生に対して十分に配慮し合うような関係を数多く確認することができる［深海 2021］。社会学者のシェフが指摘しているように、ポリアモリーは「親密性」から性的な結びつきを取り除くような事例を提供しているという観点からも意義を有していると言える［Sheff 2013］。

ポリアモリーにおいて多様な絆がみられるということは、かれらの婚姻制度に囚われないことを重視する態度と無関係ではない。このことは、人間が多様な生の基盤をつくることができるという可能性が婚姻制度によって予め制限されていることの証左でもある。また、ポリアモラスな関係において一人の人物が複数の人とそれぞれ異なる絆を有している点に着目するならば、人びとはたった一人の結婚相手や恋人に課せられる様々な期待（感情的な満足や性的な満足など）を分割し、自分たちに適切なかたちへと関係をデザインしていると言える。

（3）ポリアモリーにおけるケア・システム

第４節で詳述するように、ポリアモラスな関係を築く人びとは（一部の地域を除いて）国家や州による生の基盤に対する保証を持っていない。その観点からすれば、かれらは国家や州から排除された存在と言える。国家から排除された人びとの生に着眼した文化人類学の研究は、人びとが国家の論理とは別の仕方で「ケアのコミュニティ」や生の基盤を築いている様相を報告している［田辺 2008; 松嶋 2019］。ポリアモリーにおいても、独自の知や実践を基盤とするケアのシステムがみられる。

たとえば、ポリアモリー・グループやポリアモリー支援団体、ポリアモリーの指南書やインターネット上の掲示板は、ポリアモリー実践者が社会的・心的問題を共有する場として機能している。ポリアモリーに関する情報提供を行なう書籍やウェブサイトには、ポリアモラスな関係をうまく築くための指針やポリアモリー特有の問題の扱い方、ポリアモリー・フレンドリーなカウンセラーの紹介が掲載されていることが多い。また、ポリアモリーには独自に創り出された言葉が数多く存在しており、それらはポリアモリー特有の問題を共有する際の「共通言語」として機能している［深海 2017］。

より個別の関係におけるケアに目を向けると、病気や離別などに備えて弁護士を雇って法的書類を作成している人びとや、血縁親族からの批判対策として戦略的に既存の婚姻制度を利用して一対一の関係を装う人びともいる。また、各人の身体的・心的な安全を確保するために独自のルールを設け、互いに義務や責任を引き受ける様相が確認される。これらのルールは自己を律することを促し、ときに拘束的でもあるが、柔軟で可変的であるという特徴を持つ［深海 2015］。

このようにポリアモラスな関係を築く人びとは、国家や州の保護から疎外されているという事実を背景として、自分たちの健康や安全を確保するために独自のケアのシステムを作り出している。

3 ポリアモリーと現在の婚姻制度

前節ではポリアモリーの婚姻制度に囚われないという側面に着目することで、人びとが多様な生の基盤を築いている様相が明らかとなった。しかしそれは、ポリアモリーを実践する人びとが現在の婚姻制度から自由に関係を築くことができるということを意味するわけではない。そこで本節では、以下の問いを検討していきたい。ポリアモリーを実践する人びとは現在の婚姻制度に対してどのような見解を持っているのだろうか。また、複数の人との結婚に対してどのような見解を持っているのだろうか。

ブレイクは、ポリアモリーを実践する人びとにとって結婚は「排他的」で「心理的に不健全な、所有の規範を促すもの」であると述べている［ブレイク 2019: 285］。フィールド調査において同様の考えから婚姻制度を否定的に捉える声を耳にしたが、現在の婚姻制度を批判的に捉えている者ばかりでもなかった。以下では、既存の婚姻制度に対する主たる三つの見解を取り上げよう。

はじめに紹介するのは、一夫一婦制が所有の規範を促すという観点から現在の婚姻制度を否定的に捉える見解である。結婚に対するこのような批判は、主としてポリアモリー・グループの代表者やポリアモリーの指南書、アクティビストらの言説においてしばしば散見される。たとえば、デボラ・アナポールは『恋愛革命』において、「今日の一夫一婦制は、女性を男性の所有物だとした聖書時代の名残りである」、「排他的な一夫一婦の文化は、嫉妬や所有欲を温存している」［アナポール 2004: 208-209］と記し、一夫一婦制を批判的に捉えている。また、恋人や配偶者からの過剰な束縛やＤＶを受けた経験のあるポリアモリー実践者が、夫婦が互いに所有し合うことを正当化するものとして結婚を批判するケースもある。次に紹介するヘレナもその一人だった。所有欲の強い元夫から暴力を受けていたヘレナは、離婚後、一対一の関係を批判的に捉えるようになり、ポリアモリーに参与した。ヘレナは「所有欲が愛を台無しにしてしまう」と述べ、「愛することと所有することは異なる」という考えが自身の愛のコアに位置づいているという。彼女はポリアモリーを所有に基づいた現在の婚姻制度から解放するものとして捉えていた。

次に紹介するのは、現在の婚姻制度が二者間に限定されている点や二者間の関係だけに特権的な地位を与えている点を問題とする見解である。このような見解は、ポリアモリーのなかでも「トライアッド」を形成する人びとや自身の二人以上のパートナーを平等に扱いたいと考える人びとに多くみられる。第2節で紹介したエレンの事例を取り上げよう。エレンと夫のセスは結婚後にポリアモリーを選択した夫婦で、二人はそれぞれベンをパートナーとしている。三人は「三人の子ども」をつくる計画[5]を立てており、今後もともに生きていこうと話をしている。エレンによれば、三人のなかで唯一、法的な絆を持っていないベンは心理的な苦悩や将来に対する不安を抱えているという。「ベンは時々不安定になることがあります。君たちは結婚しているが僕はしていない、と口にすることもあります。自分だけが法的に疎外されているということは、平等な関係ではないという想いや除け者にされているという感覚につながってしまいます」。複数のパートナーに対して心的にも法的にも平等でありたいと願う場合には、全員が法的にシングルという選択肢しかない。このような心理的問題だけではなく、複数のパートナーのうち一人しか保険に加入させることができないといった現実的な問題から、現在の婚姻制度を批判する人もいる。

最後に現在の婚姻制度に否定的ではない見解を紹介しよう。このような見解は、もともと一対一の関係を築いていた夫婦（やカップル）がポリアモリーへと関係を変化させたという経緯を持った人びとや同性婚をしている人びとに多くみられた。ここでは同性と結婚しているティナの例を取り上げよう。ティナは妻と結婚できたことへの喜びを強調し、自分たちの結婚生活に支障をきたさない範囲でポリアモリーを実践したいという。彼女たちがポリアモリーを実践しているのは、互いに応えることのできない願望があるという問題を解決し、自分たちの関係をよりよいものにするためである。ティナは妻が別の恋人を持つことに合意する一方で、妻にとって自分が最も重要な存在でありたいとも考えている。ティナたちのように、婚姻制度を否定せず、それと両立させる形でポリアモリーを実践しているケースは少なくない。その場合に、夫婦関係および結婚生活を保護するために、「プライマリー（Primary）／セカンダリー（Secondary）」という独自のパートナー区分が用いられることがある。この区分の採用をめぐって、ポリアモリーの間では賛否両論がみられる。(6)

ここまでみてきたように、ポリアモリーを実践する人びとの婚姻制度に対する見解は一枚岩ではない。婚姻制度をめぐる考えの相違は、なぜポリアモリーを選択し、現在どのような関係を築いており、何に価値をおいて生きているのか、に関連してくる。続いて、ポリアモリーを実践する人びとが複数の人物との結婚やそれを実現するための運動についてどのように考えているのかをみていきたい。

ポリアモリーを自認する人びとを対象としたある統計調査では「もし法的に認められるのであれば、現在、一人以上の人物との結婚を実現したいか」という質問項目が設けられている。これに対して、回答者の六五・九％が「はい」、一九・七％が「わからない」、一四・四％が「いいえ」という結果になっている［Fleckenstein et al. 2012］。私のフィールド調査においても、複数の人物との結婚に対してさまざまな見解がみられた。ここでは、複数の人物との結婚をとくに望んでいない（望んでいるか確信が持てない）という人びとに着目したい。

複数の人物との結婚を望まない（望んでいるか確信が持てない）理由のひとつとして、「保護したい権利もあるが、義務付けられたくないこともある」というように、結婚に付随するすべての権利の享受を望まないことが挙げられる(7)。この点は複数のパートナーがいる者が、個々のパートナーと異なる種類の絆を持っていることとも関連している。たとえば、エレンは二人のパートナーとの絆を次のように説明する。セスとは、子どもたちを一緒に育て、計画的に行動し、ポリアモリーについて議論するような関係である。他方、ベンとは、即興的に行動することが多く、基本的には一緒に暮らしているが離れて暮らす時期もあるような柔軟な関係だという。エレンは自分が交通事故に遭った際に二人に面会に来てほしいと思うかもしれないが、両者に対して相続権を享受したいとは考えていないかもしれない。また、セスとの柔軟な関係は多くの拘束的な義務を伴う結婚をしていないからこそ築くことができたと考えているかもしれない。ともに生きていきたいという想いや現在の婚姻制度に対する不満が、必ずしも複数の人との「結婚」の希求に結びつくわけではない。自分が複数のパートナーとの結婚を望んでいない（望んでいるか確信が持てない）状況において、相手が結婚を望んでいるとなれば、状況はさらに複雑化するだろう。ポリアモラスな関係にある者同士が異なる期待や欲望を抱いている場合に、話合いによって合意に達することができるとも限らない。

ポリアモリーのなかには、複数のパートナーと結婚ができる状況を望んでいるが、それを実現するための運動や活動には関心がないという人もいる。クワッドを形成するマイクは、同性婚を引き合いに出しながら「法律を変えるにはあまりに長い時間がかかる。そうした活動に時間を費やすよりも自分たちの関係に力を注ぎたい」という。法律の改定に膨大な時間と労力を要するという認識は、結婚をめぐる権利獲得運動に対するモチベーションの低下につながる。また、アリシアは「二人のパートナーとの結婚が自分の夢である」と語る一方で、「モルモン裁判」を取り上げながら「目立つ行動はしたくないため活動はしない」という。米国やカナダでは、モルモン原理主義者の一夫多妻を重婚として罪に問う裁判が展開されており、そこではかれらが「結婚」していることが問題となった。このような背景から、ポリアモリーが結婚ではなく親密な関係である点を強調するポリアモリー擁護団体や弁護士もいる。しかしながら、ポリアモリーのなかにも、独自の「結婚式」やコミットメント・セレモニーを執り行ない(8)、複数の「夫」や「妻」と一緒に暮らしているケースがある。これらのケースはモルモン原理主義者のポリガミー実践と明瞭な線引きをすることが難しい。アリシアの「目立つ行動はしたくない」という言葉からは、自分たちの関係が重婚罪や姦通罪に問われる可能性を完全には拭いきれないことへの不安が読み取れる。このような状況もまた、複数の人と結婚する権利を求める運動から人びとを遠ざける要因のひとつとして考えられる。

4 モノノーマティヴな社会のなかで生きる

本節では、ポリアモリーに対する差別的な状況や人びとに付与されるスティグマについて、モノノーマティヴィティ（mononormativity）という観点から考察していく。モノノーマティヴィティとは、結婚や性愛の対象が一人であることを「正常」とし、それ以外を「逸脱」と考える思想を指す。友人にポリアモリーを実践していることを打ち明けた時に返ってくる言葉——あなたは相手を真に愛していない、本当に愛する人と出会えばあなたの考えは変わる——のなかにもモノノーマティヴィティを見出すことができる。

ポリアモリーが直面する差別の一つに、子どもをめぐる問題がある。ポリアモラスな親は一夫一婦制の親と比較して、道徳性に欠け、安定性が低く、子どもを世話する能力が低いといったスティグマを付与される傾向があり、親権訴訟で親権・監護権を失うケースも多い［Klesse 2019］。また、現在一緒に暮らしている子どもが取り上げられてしまうのではないか、という不安を抱えている実践者は少なくない。児童福祉サービスがポリアモラスな家庭を「養育に適切ではない環境」「子どもにとって有害」と判断し、子どもを取り上げることがあるからである。こうした事態を避けるために、ポリアモラスな親やその子どもたちは、自分たちの生活について隠すことを余儀なくされている［Pallotta-Chiarolli 2010］。また、ポリアモリーを実践していることから仕事を解雇されるケースもある。さらに、合衆国の軍隊においては、軍事司法統一法典（ＵＣＭＪ）によって、既婚者が法的な配偶者以外の相手と性的関係を持つことは姦通罪とされており、当事者全員の合意があったとしてもポリアモリーは犯罪となる。

法的保護の欠如は、とりわけ人生における重要な局面や緊急事態において痛感させられる。ポリアモラスな関係を築く人びとが妊娠および出産時に直面する差別を報告する研究がある［Carlström and Andersson 2019］。この研究からいくつか例を紹介しよう。医療提供者がポリアモリーを不快に感じ、サポートを得られない。分娩室への立ち入りを一人に限定する病院の方針によって、複数のパートナーが出産に立ち会うことができない。出産証明書に複数の親の名を書くことができない。新生児面会の名簿のなかで子との関係を「親」と述べたにもかかわらず、医療従事者は二人以上を「親」とすることはできないという理由から、子の「オジ」や「オバ」として書き留める。これらの問題の要因の一つには、医療従事者がポリアモリーに対する知識や情報を有していないという点がある。

出産と同様に、病気や離散、死亡時においてもポリアモラスな関係を築く人びとの立場は脆弱である。たとえば、病院の面会権や医療保険、相続権の欠如の問題がある。第2節で述べたように、万が一の事態に備えて法的書類を作成している人びともいるが、法的助言を受ける際に高額な費用がかかることから法的書類を作成していないという人びともいる(9)。

日常生活においても家族や友人、同僚からの差別や偏見に晒されている。ポリアモリーについて親にカミングアウトしたサラは、「正しい判断ができていない」と責められ、「考えを改めるまで連絡しないでほしい」といわれてしまう。会社経営をしているマイクは、仕事を解雇されるという不安がないかわりに「モラルに欠ける人間」として従業員や取引先からの「信頼」を損ねることを懸念している。彼は自分たちの関係を隠すために偽り、神経を尖らせることは、多大なストレスになるという。ポリアモリーを実践していることが職場で噂となったベスは、上司から「ふしだらな女」と侮辱され、自主退職せざるを得ない状況に追い込まれた。

ここまでの考察では、モノノーマティヴィティに着目し、ポリアモリー実践者を社会規範に対峙させることによって、かれらを取り巻く抑圧的な状況を明らかにしてきた。ここで重要なことは、モノノーマティヴィティは当事者間の関係にも影響を与えるということである。これについて次に紹介する事例からみていこう。

ローラにはハンナとダンの二人のパートナーがいる。ローラは五年前に離婚を経験しており、元夫との間の子どもが週の半分をローラの家で過ごしている。ローラとハンナはデーティングサイトを通して出会い、自分たちの関係を優先させるという条件のもとでポリアモリーを実践していた。ローラは職場の人にポリアモリーを実践していることやバイセクシュアルであることを伝えていなかった。なぜなら親権・監護権を失うことやポリフォビア（ポリアモリー嫌悪）に対する不安があったからである。恋人のハンナはポリアモリーを実践していることを周囲にカミングアウトしており、ローラがカミングアウトすることを望んでいたが、ローラの想いを汲み取っていた。ある日、ローラはダンとデートをしている時に偶然同僚と遭遇し、ダンを恋人として紹介する。この出来事についてハンナに知らせると、ハンナは「なぜダンだけを紹介するのか」と激怒する。数日後、職場でローラがポリアモリーであることやバイセクシュアルであることが噂になっていた。ハンナがローラの同僚にＳＮＳを介して接触し、自分もローラの恋人であると伝えていたのである。

この事例からは、モノノーマティヴィティが、当事者たちの関係性に複雑な形で影響を与えていることがわかる。アウティング（本人の承諾なしに第三者が暴露すること）の直接的な引き金となったのは、ローラがダンだけを恋人として紹介したことであった。だがアウティングの背景にあるのは、単にハンナの嫉妬の問題だけではない。というもの、ローラがダンだけを彼氏として紹介したことはモノノーマティヴィティやヘテロノーマティヴィティと無関係ではないからである。そもそも、ローラが職場でポリアモリーやバイセクシュアルについて伝えていなかった理由は、親権・監護権を失うことやポリフォビアに対する不安であった。ポリアモラスな関係について沈黙せざるを得ないという事態は、ときに当事者間の関係に緊張や衝突をもたらす。このようにモノノーマティヴィティは当事者間の関係構築にミクロなかたちで作用を及ぼしてもいる。

5　ポリアモリーの法的保護をめぐる新たな動向

近年、ポリアモラスな関係の法的保護をめぐる新たな動きがみられる。たとえば、ポリアモラスな関係にある複数の親が親権・監護権を獲得した判例がある。カナダのブリティッシュコロンビア州最高裁判所の判事は、家族としてともに子育てをする男性一人と女性二人から成るポリアモラスな関係にある三人全員に親権・監護権を認めた。これ以前にも、子どもの出生証明書に二人以上の親が名前を記載することを認めた判例はあるが、それらは主として生殖補助医療によって生まれた子どものケースである。また、カナダにおいて男性二人と女性一人で構成されたポリアモラスな関係の三人全員に親権・監護権が付与された判例もあるが、この場合は子の生物学的父が不明である点が強調された。アメリカにおいてもポリアモラスな関係を形成していた三人全員に親権・監護権が付与された判例もあるが、すでに離散したケースであった。したがって、現在進行形でポリアモラスな関係を築く、子と血縁関係にない者を包含する三人全員に親権・監護権が付与された例は前代未聞であった。この裁判において生物学的つながりを持たない女性の弁護をしたウォン弁護士は、「ブリティッシュコロンビア州の家族の多様性と、これまで法律がすべての家族のために機能していなかったことが認められた重要な判決である」と話している［CBC 2016］。

また、二〇二〇年以降、米国ではドメスティック・パートナーシップ法がポリアモラスな関係に適用されるという動きがみられる。その口火を切ったのは、二〇二〇年六月のマサチューセッツ州サマービル市である。サマービル市の条例制定を契機として、ポリアモラスな関係を築いている人びとに対して法的保護を提供する団体「ポリアモリー法務擁護連合（ＰＬＡＣ）」が設立された。そして、サマービル市に続いて二〇二一年三月にマサチューセッツ州のケンブリッジ市、四月にアーリントン町において、二人以上の人間を含むドメスティック・パートナーシップ法が制定される。ケンブリッジ市およびアーリントン町の条例をポリアモリー世帯の保護を包含するものに書き換える際に、中心的な役割を果たしたのはポリアモリー法務擁護連合であった。

さて、実際にドメスティック・パートナーシップ法において認められた人びとはどのように感じているのだろうか。アーリントン町で二人のパートナーと暮らしているミークスは、ローカル新聞のインタビューでこう答えている。「法的承認のとても重要な部分は、承認と対外的証明にあるのだと思います。近所の人々に歓迎され、承認されたと感じています」［Wicked Local 2021］。米国において権利を社会に認められることは、民主主義社会の成員として承認されることの象徴である［ハドソン 1996: 103］。ミークスの発言は、法的に関係を承認されることが、社会保険などの実質的な問題を解消するだけではなく、社会の成員として承認されるというより根源的な安堵に結びついていることを示唆している。

6　「最小結婚」の可能性と課題

ここまで米国においてポリアモリーを実践する人びとの実態を、一夫一婦制という社会規範との関連から照らし出すことを試みた。以下ではこれまでの検討を踏まえて、ブレイクの議論の有効性や懸念点について考察したい。本論でみてきたように、一対一の性愛関係を「正常」とする社会において、ポリアモリー実践者は様々なスティグマを付与されており、また社会保障や病院での面会権の欠如など法の側面においても差別的な状況に置かれている。米国では結婚に伴って一〇〇〇を超える法的利益が認められる［小泉 2009: 260］という点を顧みても、婚姻制度の庇護を受けていないポリアモリー実践者を取り巻く厳しい現実は想像に容易い。このような現在の婚姻制度が包含する不平等性は是正され、一対一の性愛関係のみならず多様なサポート関係を承認する法がつくられることが望ましい。

同様の問題意識から展開されたブレイクの「最小結婚」は、成人間のケア関係を支援するより柔軟な法律のための哲学的正当化を行なうことを目的とした議論であった。ポリアモリーの文脈から検討すると、ブレイクの視座には以下の有効性や可能性が認められる。第一に、複数の人との結婚を可能にする「最小結婚」によって、ポリアモラスな関係を築く人びとが一対一の性愛関係を築く人びとと同等の法的利益を得ることができるようになる。第二に、結婚から一対一という前提を排除することにより、モノノーマティヴィティによって付与されてきたポリアモラスな人びとへのスティグマは大幅に減じる可能性がある。第三に、「最小結婚」では関係に必要な責任や権原を選択できることから、個人がより柔軟にサポート関係を築くことが可能となる。第3節でみたように、ポリアモリーのなかには複数のパートナーとの結婚を望まない人びともいる。その理由の一つは結婚に伴う全ての権利を取り交わしたいわけではないということであった。現在の婚姻制度では、結婚すれば多くの権利や保障が付与され、結婚していなければ何も手にすることができないという「オール・オア・ナッシング」の状態である。これに対して、「最小結婚」では夫婦が互恵的に背負う結婚の「完全パッケージ」を分割することができる［ブレイク 2019: 73］。このことは「最小結婚」がポリアモラスな関係をはじめとする多様な関係を承認する法であると同時に、多様な関係の生成を促す土壌になり得ることを示唆している。そのような意味で、「最小結婚」は関係の貧困化という問題を乗り越える視座といえよう。

ここで重要なことは、複数の人との結婚を認めることは、ポリアモラスな関係を築く人びとだけではなく、一対一の関係を築く人びとの生活様式をより豊かなものにする可能性があるという点である。現在の婚姻制度のなかでは、一人の結婚相手に愛情や性的満足、経済的安定、家事を切り盛りする能力、血縁親族と社交する能力、あるいは子どもを作ることなどの多くの期待が寄せられており、もはや結婚――結婚相手を探すこと、結婚生活を継続すること――は容易ならざるものとなっている。複数の人と性愛規範に囚われずに結婚することができる「最小結婚」は、結婚に寄せられる過剰な期待を緩和することができる。愛する人と同居するある者は経済的基盤の一部を友人と築くかもしれないし、友人と子育てを協働するある者は定期的に性愛パートナーの元を訪ねるかもしれない。

このように一人の人間が多様な生の基盤を持つ可能性は、ポリアモリー社会と「最小結婚」が実現した社会をアナロジーで結びつけることによっても推論することができる。第2節ではポリアモリーの婚姻制度に囚われない側面に目を向けることで、人びとが、強制的なモノガミー主義、強制的異性愛主義、性愛中心主義、さらには同居主義から解放されながら、しなやかに関係を築いている様相が明らかとなった。ここから、結婚をめぐる国家による関与を最小化した社会において、より豊かな人間関係が生成することが推測される。同様に、ポリアモリー社会の緊張や葛藤を参照することは、「最小結婚」が実現した社会で生じうる問題を推論する際に役立つ。

次にブレイクの提起する「最小結婚」の問題点をみていきたい。結婚の民主化によって、人びとが築く関係が豊かになることは、ひとりの人物がとり結ぶ人間関係が複雑化することを示唆する。複雑化した人間関係を国家や州が法的に管理することについては、なにかしらの対策を講じることで解決されるかもしれない[10]。だが、より大きな問題なのは、複雑な人間関係から生じる問題を、当事者たちが常にうまく調停することができるのだろうかということである。「最小結婚」の導入によって、権益や権原をめぐって新たな紛争が噴出することは想像に難くない。そのような状況のなか、国家の介入を最小とする結婚は、自らの関係について責任をとる「自己責任」を要求する。「最小結婚」が有する個人主義的な側面に関する懸念を具体的に指摘しよう。第一に、自らが引き受ける法的な権利と責任を選択するためには状況を適切に判断する能力および十分な知識が必要となるが、私たちは常に状況を適切に判断しきるかという点である。この問題はポリアモラスな関係を築く者が「複数のパートナーと結婚したいか」という問いに対して、明確に答えを出すことが困難な状況があることからも示唆される（第3節）。第二に、「最小結婚」では多くの場面において複数の他者との合意形成が必要となるが、私たちは話し合いを重ねることによって誰もが納得するような合意に必ず達することができるのだろうかという点である。これら第一と第二の点をサポートする形で、法的なアドバイザーやカウンセラーの需要は高まるかもしれない。第三は、「最小結婚」の実践に伴う問題や煩雑さを扱うサービスが介入してきたときに、社会経済的格差によって差別的な状況が生じる可能性はないだろうかという点である。ブレイクの議論では、明確な意思を持った自律的な個人像が一律に前提とされているため、人間の能力や技術によって解決されえない状況や人びとの間にある多層性が見過ごされている。議論をより現実に即したものへと精緻化するためには、偶発的で予測不可能な世界を生きる不完全な存在としての人間を出発点として、「最小結婚」という制度が人びとの関係や日常に与える影響をミクロな次元から仔細に検討する必要がある[11]。

多様なサポート関係を承認し、生の基盤が法からの妨害を受けて貧困化されないような法律があるとすれば、それはどのようなものなのだろうか。この問いに答えようとすることは、至難ではあるが極めて重要な挑戦である。いずれにしても、ブレイクが結婚をめぐって開いた新たな扉の脇に立ちながら、どのような方向へどのように進むべきかについて、理論的かつ現実社会の事例に即しながら、粘り強く検討することが不可欠である。

〈注〉

(1)「合意に基づいた非モノガミー」は、スウィングやポリアモリーを含む様々な形態をとる。

(2)ブレイクは「最小結婚」によってポリアモリーのケア関係も支援することができる点について言及している［ブレイク 2019］。ただし、ブレイクの議論においてポリアモリーは一面的に描かれる傾向があり、ポリアモリー内部の複雑性や多様性は捨象されている点を指摘することができる。

(3)米国ポリアモリーと日本ポリアモリーは同じものではなく、人びとを取り巻く環境も同じではないため、本論の主張を日本の文脈で検討する際には文化歴史的背景の違いを十分に勘案する必要がある。だが、本論の検討は結婚をめぐって日米が共通して抱える問題を検討する際には手がかりを与えることができるものと考える。

(4)このような結婚の形は「オープン・マリッジ」と呼ばれる。オープン・マリッジをポリアモリーのひとつの形態とする場合と、オープン・マリッジの主たる目的はセックスであるとしてポリアモリーとオープン・マリッジを区別する場合もある。

（5）エレンの述べる「三人の子ども」を作る計画とは、エレンとセス、エレンとベン、を生物学的な親とする子どもをそれぞれ作り、子どもの親は三人であると意識のもとに子育てを協働するという計画である。特に親権などの法の側面ついての言及はなかった。

（6）パートナーに優先順位を設けた方がポリアモラスな関係を円滑に構築できると考える人びとが賛成し、パートナー間に序列をつけるべきではないと考える人びとは階層的なものとして批判する傾向がある。

（7）複数の人との結婚を望まないそのほかの理由として、現在の結婚制度に組み込まれることに対する拒否感や、夫婦関係を優先させながらポリアモリーを実践したいという願望、関係がさらに複雑化することへの懸念などがある。

（8）ポリアモリーにおけるコミットメント・セレモニーの内容や意義については［深海 2021］を参照。

（9）例えば、カナダにおけるポリアモラスな家族を対象とした調査では、家族としての責任や権利に関する法的書類を作成しているのは、回答者の三分の一という結果である［Boyd 2017］。

（10）ブレイクは、限られた項目による権原のチェックリストが記載されたフォームについて言及している［ブレイク 2019:276］。

（11）その他、久保田が指摘しているように、「最少結婚」の議論において「結婚」という語を用いることの必要性や弊害等についてはさらなる検討が必要であろう［久保田 2019: 351-352］。この点に関して、「ポリアモリー」という語が創造された語であるという側面に着眼し、一つの検討を加えることが可能かもしれない。

〈参考文献〉

春日直樹 2016「序論」春日直樹編『科学と文化をつなぐ――アナロジーという思考様式』東京大学出版会、一～一五頁。

久保田裕之 2019「監訳者解説」ブレイク『最小の結婚』白澤社、三四九～三五六頁。

小泉明子 2009「アイデンティティと権利運動：合衆国の同性愛者をめぐって」『法社会学』70: 243-264.

田辺繁治 2008『ケアのコミュニティ——北タイのエイズ自助グループが切り開くもの』岩波書店。

ハドソン、ウィリアム 1996『民主主義の危機——現代アメリカへの七つの挑戦』宮川公男・堀内一史訳、東洋経済新報社。

ブレイク、エリザベス 2019『最小の結婚——結婚をめぐる法と道徳』久保田裕之監訳、白澤社。

深海菊絵 2015『ポリアモリー　複数の愛を生きる』平凡社。

——— 2017「私たちは何者か：米国ポリアモリーの多元性と共在性」『Contact Zone』9号、京都大学人文科学研究所人文学国際研究センター、一七三～一九〇頁。

——— 2021「創造的な家族実践としてのポリファミリー」『早稲田文学 2022春号』早稲田文学会。

松嶋健 2019「ケアと共同体：個人主義を超えて」村圭一郎・中川理・石井美保編『文化人類学の思考法』松村圭一郎・中川理・石井美保編、世界思想社、一六五～一七八頁。

Anapol, D. 1997 *Polyamory: The New Love Without Limits*. Intinet Resource Center.（アナポール『ポリアモリー——恋愛革命』堀千恵子訳、河出書房新社、二〇〇四）
Bellah, N., Madsen, R., Sullivan, M., Swidler, A. and Tipton, M. 1985 *Habits of the Heart: Individualism and Commitment in American Life*. University of California Press.（ベラー他『心の習慣——アメリカ個人主義のゆくえ』島薗進・中村圭志訳、みすず書房、一九九一）
Boyd, J.-P. 2017 "Polyamory in Canada: Research on an Emerging Family Structure." *Transition* (guest post). The Vanier Institute of the Family. http://hdl.handle.net/1880/107495
Carlström, C. and Andersson, C. 2019 Living Outside Protocol: Polyamorous Orientations, Bodies, and Queer Temporalities. *Sexuality & Culture* 23, 1315-1331. https://doi.org/10.1007/s12119-019-09621-7
Conley, T.D., Moors, A.C., Matsick, J.L., & Ziegler, A. 2013 The fewer the merrier?: Assessing stigma surrounding consensually non-

monogamous romantic relationships. *Analyses of Social Issues and Public Policy* 13(1): 1-30.

Fleckenstein, J., Bergstrand, C. and Cox, D. 2012 "What Do polys Want?: An Overview of the 2012 Loving More Survey." *Loving More.*

Klesse C. 2018 Polyamorous Parenting: Stigma, Social Regulation, and Queer Bonds of Resistance. *Sociological Research Online* 24(4): 625-643. https://doi.org/10.1177/1360780418806902

Moors, A.C., Gesselman, A. N. and Garcia, J. R. 2021 Desire, Familiarity, and Engagement in Polyamory: Results From a National Sample of Single Adults in the United States. *Front. Psychol.* 12: 619640. doi: 10.3389/fpsyg.2021.619640

Pallotta-Chiarolli, M. 2010 "To Pass, Border or Pollute: Polyfamilies Go to School. In *Understanding non-monogamies*, Eds.Barker, M. & Langdridge, D., Routledge.182-187.

Sheff, E. 2013 *The Polyamorists Next Door: Inside Multiple-Partner Relationships and Families*. Rowman & Littlefield Publishers.

〈インターネット〉

CBC, "Canadian Polyamorist Face Unique Legal Challenges, Research Reveals", 2016/09/14 https://www.cbc.ca/news/politics/polyamorous-families-legal-challenges-1.3758621（二〇二一年九月一日閲覧）

Gallup, "Record-High 70% in U.S. Support Same-Sex Marriage", 2021/06/08 https://news.gallup.com/poll/350486/ record-high-support-same-sex-marriage.aspx（二〇二一年九月一日閲覧）

Gallup, "Understanding the Increase in Moral Acceptability of Polygamy", 2020/06/26 https://news.gallup.com/opinion/polling-matters/313112/understanding-increase-moral-acceptability-polygamy.aspx（二〇二一年九月一日閲覧）

Wicked Local, "Town Meeting Approves Domestic Partnership for Relationships with More Than Two People", 2020/04/30 https://www.wickedlocal.com/story/arlington-advocate/2021/04/30/arlington-approves-domestic-partnerships-polyamorous-relationships/7410640002/（二〇二一年九月一日閲覧）

第4章 「結婚」はどこまでも必要なのか？
――ケア関係からの照射

岡野八代

はじめに

二〇一九年二月十四日以降、日本では全国の五地裁で同性婚をめぐる違憲訴訟が始まり、二〇二一年三月十七日には、札幌地裁にて同性婚を認めないのは憲法違反であるという、画期的な判決が出された。わたしは後にも触れるように、日本における婚姻制度に対しては、選択的夫婦別姓も認められない現在の在り方や、日本に特殊な戸籍制度に内包された国家主義に起因する強い排他性から反対の立場をとっているだけでなく、婚姻制度がそもそも、とりわけ資本主義体制のなかで、無償の／安価な再生産労働の供給を通じて労働力を市場に提供するための強力な政治的制度であるといった理由から、すなわち、ケア関係を重視する立場から、資本主義に加担する婚姻制度を繰り返し批判してきた［cf. 岡野 2021, 2015, 2006］。

しかし本稿では、エリザベス・ブレイク『最小の結婚』での問題提起を受けて、日本の現状とフェミニズムにおける結婚をめぐるこれまでの議論を踏まえつつ、婚姻制度のもつ社会的・政治的機能を再考してみたい。そこで以下では、1「結婚」を取り巻く日本の現状について概観し、2『最小の結婚』をこれまでのフェミニズムの議論、とりわけケア関係をめぐる議論のなかに位置づけたうえで、3ブレイクのいう「最小の結婚」というアイデアを支える不正義への応答に焦点をあてて、婚姻制度の廃止ではなく改革が過去の不正義に対する修復につながるのかどうかを考えてみたい。

1 現在の「結婚」をめぐる日本の文脈

(1)「結婚の自由をすべての人に」裁判(1)

前述の違憲訴訟のなかでの原告らの弁論のなかで訴えられたように、婚姻制度は、成人二人の関係性を規定しているだけでなく、複数の人たちの間に育まれるケアをめぐる権利・義務関係、法的身分をも規定しているがゆえに、そこから排除されてしまうことは、ケア関係にある者たちにとって不利益をもたらし、かつ時とともに変化する不安的な身体に密接にかかわる関係性をさらに脆弱なものにしてしまう(2)。わたしはだからこそ、婚姻関係ではなくむしろケア関係を中心に、法的家族を構想していくことを訴えてきたのだが、異性配偶者を中心とする家族制度を大きく転換するには、現在の日本社会においては取り付く島もないほどに強力な政治的な反発が予想される。[3] したがって、現在の政治状況のなかでは、まずは強制的異性婚の排他性、婚姻制度からの排除によって被る不利益や権利はく奪を訴え、当事者たちの関係性に安定をもたらそうとすることは、法の下の平等の観点からも当然の訴えである。

じっさい、札幌地裁における違憲判決も、「同性愛者に対しては、婚姻によって生じる法的効果の一部ですらもこれを享受する法的手段を提供しないとしていることは、立法府の裁量権の範囲を越えたものであって、その限度で憲法一四条一項に違反する」と断じられた。[4] 本判決では、原告側が訴えていた結婚の自由を定めた憲法二四条や個人の尊厳を定めた憲法一三条違反は認められなかったものの、一四条一項における合理的な理由のない区別を許さないという憲法規定には反していると認められたのだった。東京地裁の原告代理人の仲村渠弁護士もまた、「法律上の相続や親権、在留資格など、日本で社会生活を送っていくのに非常に重要な権利が婚姻に紐付いている。同性愛者に婚姻が認められないということは、社会生活を送る上で非常に重要な権利や利益を奪っている」として、法の下で同性婚を求める人びとがいかに不当な扱いに苦しんできたかを厳しく批判した。[5]

他方で、性的マイノリティの権利を求める運動や主張が国際的な動きと連動しながら社会的に可視化されるにつれ、同性愛者たちに対して公然と差別言説を投げかける政治家も登場しはじめた。もちろん、日本では異性愛中心主義と男性中心主義が公私領域のそれぞれにおいて両輪のように権力維持装置を駆動してきたことを考えれば、それ以前にも陰に陽に同性愛者たちは差別されてきた。さらに言うまでもなく、札幌地裁判決で断じられたように、同性愛者の多くは、法制度上の差別により不利益を被ってきたし、今もなお差別社会を生きている。

しかし、以下に取り上げる二つの事例について、その底流にある一貫した主張を読み解くことで、日本において現在の家族制度になにが賭けられているのか、その政治的意図が浮かび上がってくるので、詳しくみておきたい。

（2）同性愛者差別記事

第一の事例は、杉田水脈議員による同性愛者に対する差別記事である。彼女は、自身が寄稿した『新潮45』（二〇一八年八月号）掲載記事「『LGBT』支援の度が過ぎる」のなかで、LGBTのカップルについて「多様性の時代だから、女性（男性）が女性（男性）を好きになっても当然」と報道することがいいことなのかどうか。普通に恋愛して結婚できる人まで、「これ（同性愛）でいいんだ」と、不幸な人を増やすことにつながりかねません」（五九頁）、「彼ら彼女らは子供を作らない、つまり「生産性」がない」（五八〜五九頁）などと書いたことから、社会的に大きな批判を巻き起こした[6]。

性的マイノリティの当事者だけでなく多くの人が批判の声をあげた、「生産性がない」という優性思想につながる差別観は言うまでもなく、当事者が司法上の争いに踏み切るしかない状態を作り出している立法府の、それも与党議員としての責任という観点からも、この記事は看過されるべきではない。衆議院の与党議員、すなわち、わたしたちから強制的に集めた税金の使い方、配分の仕方を決め、誰しもがその下で生きなければならない法制度を改定したり創出したりすることのできる権力者が、同性愛者たちが抱えこまされている生きづらさについて、あたかも親の無理解に問題を還元するかのごとく、「これは制度を変えることで、どうにかなるものではありません」[ibid.]と政治家としての責任を放棄するかのような見解を表明したことに、わたしは文字通り満腔の怒りを感じた[7]。政治家による社会問題の「脱政治化」の政治性については、別稿を必要とするほどの課題ではあるが、新自由主義イデオロギーが席巻する政治状況をまさに反映した、政治家の傲慢さを表す無責任ぶりであると指摘することはできるだろう。

実際に不利益を被り、差別状況を生きている人びとが、いまだ根深い偏見や反感を感じつつ、あえて名乗りをあげて法制度の改定で生きやすくなると訴えているにもかかわらず、差別意識や不利益を強化、維持し続ける法制度に対する第一責任者ともいえる立法府における代表者が、その声を封殺するという杉田議員の言動は、社会問題を個人の問題へと還元する典型的な差別行為である。社会の中枢から排除されるがゆえに、マジョリティとは異なる生き方を選ばざるをえない人びとについて、そのライフスタイルを属性ゆえのものとして誇張したり、以下に引用する言葉に明らかなように、常識離れした自己主張をする人たちと一括りにしたり、社会問題を自然や伝統といったあたかも不作為の結果であるかのように装うからである。

彼女は同記事のなかで、同性愛者を「不幸な人」と呼び、「「常識」や「普通であること」を見失っていく社会は「秩序」がなくなり、いずれ崩壊していくことにもなりかねません」と結論するのだが

[ibid.: 59]、次のように読者に恐怖心をたきつけ、偏見を助長することも忘れない。その主張からは、そもそもなぜ国家が家族制度を導入し、現在の形を維持しているのかといった問題意識はうかがえない。

多様性を受け入れて、様々な性的指向も認めよということになると、同性婚の容認だけにとどまらず、例えば兄弟婚を認めろ、親子婚を認めろ、それどころかペット婚や、機械と結婚させろという声も出てくるかもしれません。[ibid.]

婚姻カップルを中心とした家族制度を維持することによって、まずは配偶者の法的地位やそれに付随する社会保障・福祉、税制上の取り扱いなど、権利義務関係を明確にし、そのカップル間に生まれた子についても親権や監護権、次世代を担う子の福祉を保障するといった、国家の中枢を占める家族制度の重要性は、当然その国家に生きる個人の権利保障問題と密接にかかわっていることには、思いも至らないようなのだ。あくまで——権力者に都合のよい——国家の秩序維持のために現在の家族制度を維持し、個人の諸権利と家族制度が密接に関係していることは無視するこの態度は、つぎに検討する発言にも明らかである。

(3)「だったら結婚しなくていい」ヤジ事件

二〇二〇年一月二十二日の衆議院本会議で「夫婦別姓(氏)」をめぐって、自民党議員から「だったら結婚しなくていい」というヤジが飛び問題となった[8]。この不適切なヤジについては、自民党女性議員の発言であることは明らかだったのだが、自民党もヤジ発言者の特定をせずに、結局有耶無耶に終わった。本稿では、この発言の主が誰であったかを特に問題にはしない。本稿の趣旨からは、同性婚に対する杉田議員にみられるような強固な反対姿勢と、夫婦別姓に反対する同姓原則論者とに共通するのが、個人主義[9]への敵意であることを確認できれば、本稿の趣旨からは十分である。

この「だったら結婚しなくていい」発言は、「生産性」に対する言及にもみられたように、婚姻制度を国家に対する貢献や忠誠心への見返りのように捉えている点で、個人主義の対極にある思想をあらわにしている。近代的な政治社会理解からすれば、チャールズ・テイラーが端的に指摘するように、政治社会の正統性とは、個人の権利、自由を最大限保障することに存しており、したがって、個人に奉仕する政治社会は、個々人の日常生活に関わる多様な「権利、自由、相互利益は、すべての参加者にたいして平等に保障されなければならない」ことをその存在意義としている［Taylor 2004: 22/ 30］。しかし、日本社会における家族を取り巻く政治状況は、テイラーがいう社会についての近代的な共通理解からはかけ離れたものとなっている。もし、法制度のひとつである家族制度が、なによりも諸個人の権利、自由という観点から定義されているならば、現行制度に不利益を感じ、また平等に権利が保障されず、幸福追求という自由が侵害されているという訴えは、むしろ社会制度を理想に近づけていくために耳を傾けるべき貴重な訴えと捉えられるであろう。しかし、こうした個人主義的な政治社会理解に敵意を抱く人びとからすれば、それこそが秩序（＝現状）に対する抗議であり、現状に不満を抱くひとについては、現在の法制度が保障する権利や自由を享受することを認めない[10]。

こうして、婚姻制度をめぐる二つの事例から、いかに日本における家族制度が個人の権利という視点を欠く思想によって強固に保守されているかが明らかとなろう。立法府においてこのように法制度を個人の権利という観点ではなく、国家秩序——あくまで権力者たちの立場にたった——のための道具とみなしている者たちが圧倒的な勢力を保っているのが現状であれば、したがって、本来平等に保障されるべき権利や自由が侵害されていることを司法で訴えることによって、制度改革を求めるということになるし、それしか道はないように思える。

しかし、本稿で以下焦点を当ててみたいのは、第二の事例は国家主義者の典型的な発言であること以上に、その発言によって遂行的に生みだされる効果はむしろ両義的であるという点である。なぜならば、本発言の「だったら」という発話に、結婚することは一部のひとにとっては、非常に大きな負担であり抑圧制度であることが——ヤジを飛ばした本人の意図とは別に——含意されているように聞こえるからだ。つまりこのヤジは、現在の結婚制度に内包された抑圧や差別構造を我慢できないの「だったら」結婚するなと暗にいうことで、婚姻制度は個人の権利や自由を保障するためにこそ存在するはずであるという近代政治社会の理念が現在否定されていることを、率直に認めた発言として記憶されるべきなのだ。

とすれば、皮肉なことに、こうした国家主義者たちの議論には、制度の意味をめぐって、婚姻制度に女性抑圧の構造を看取してきたフェミニズムの理論と共通したある見解が内包されている。国家主義者は、この抑圧に耐えられないくらい「だったら」結婚するなといい、フェミニスト、あるいはゲイ解放運動に関わってきた者たちのなかには、この抑圧とは闘うべき「だからこそ」結婚しないという、ラディカルな結婚批判が存在してきた。

婚姻制度は抑圧的であり、個人の権利や自由を保障するどころか、むしろ抑圧する。皮肉なことに、国家主義者とラディカルなフェミニストたちに共通する理解に対して、以下で検討するエリザベス・ブレイクの『最小の結婚』は、政治的リベラリズムの立場から、その理念に従って婚姻法の改正という代案を提唱する、第三のオルタナティヴと考えることができよう。

2　ブレイク『最小の結婚』をフェミニズムの議論に位置づける

(1)「最小結婚」の衝撃

先述したように、婚姻制度が女性だけでなくゲイ・レズビアン、その他マイノリティを抑圧・排除してきたことは多くの論者が指摘してきた。婚姻制度が個人にとって自由や尊厳に関わるなにかをあきらめさせるために作用していることは、日本の国家主義者たちにとっては、国家への忠誠を国民に試す試金石のような働きもしている。

しかし、ブレイク『最小の結婚』［ブレイク 2019］[11]は、結婚そのものが抑圧なのではなく、婚姻制度が内包する「性愛規範性 amatonormativity」こそが抑圧的なのであって、婚姻制度を改革することで社会を変革することができると力強く論じる。この本の先駆けとなった同タイトルの論文を発表された当時に読んださいの衝撃を、わたしは今なお鮮明に覚えている［Brake 2010］。合衆国では二〇〇四年に、マサチューセッツ州において同性婚が認められる判決がでる一方で、ブッシュ大統領の再選時には一一もの州で同性婚を禁じる州憲法修正案が可決されたことにも象徴されていたように、同性婚が政治的イシューのひとつとして前景化した後の論文であるという文脈も忘れてはならないであろう。

「最小の結婚」論文では、「同性婚を擁護する最近の議論は、中立性と公共的理由といったリベラルの教説に訴え、その推論はポリガミーにまで適用されてきた。そうした推論は一般的には健全なのだが、結婚に対する政治的リベラリズムの含意を検証するには、十分ではない」として、リバタリアンとして知られるロバート・ノーズィックが提唱した「最小国家」のアナロジーから、政治的リベラリズムの観点から正当化しうる、最小の結婚とはどのような結婚であるべきかを論じていた［ibid.: 302］。わたしが本論文から抱いた関心は、政治的リベラリズム、すなわち、「リベラルな国家は、重大な事柄に関して、専ら包括的な道徳的・宗教的教説に基づいて法を制定することを許されない」とする政治的な立場からは［ブレイク 2019: 21］、「最小結婚」しか認められないという彼女の議論に、リベラリストであればどう応答するのかというものであった。政治的リベラリズムから、こうした革命的ともいえる議論が展開できることに、新鮮な驚きを感じた。

しかし本稿では、リベラリストからの応答について推察するのではなく、その後日本でも翻訳された『最小の結婚』を、彼女がその議論の前提にしているフェミニストたちの結婚をめぐる議論のなかに、とりわけケア関係に着目するフェミニストたちの議論のなかに位置づけ直してみたい。というのも第一に、ブレイクもまた、ロールズによってその公正な配分こそが政府の存在意義とされた社会的基本財のなかにケアを含めるべきだと主張しているように、最小の結婚が国家の制度として正当化される公共的理由は、成人間のケア関係だと考えているためである。第二に、ブレイクは、現在の婚姻制度が女性の社会的立場をより弱体化し、正義に悖るような不公平な家庭内の財の配分を遂行する装置であることを認めているだけでなく、現在の結婚制度に同性婚を含めることは、一夫一妻的単婚への同化を促進し、さらに合衆国の文脈では、婚姻法は人種差別を助長してきたことをも認めている。そのうえでなお／にもかかわらず、ブレイクは、「結婚はこうした不正義を助長し温存するよりもむしろ、こうした不正義を乗り越えるのに役立つような形で、再構成することができる」と論じるからである［ibid.: 20. 強調は引用者］。

（2）性愛とは切り離されたケア関係へ

ブレイクの主張の核心にあるのは、次の二つの主張だといってよいだろう。第一に、現在の「婚姻法は、不公正で有害なものである」［ibid.: 23］。現在の差別的な婚姻法のおかげで十分な社会保障を受けとれなかったり、逆に、婚姻関係にあるがゆえに受けた性暴力が法的救済の対象にならなかったり、結婚のビジネス化により家父長的家族規範に取り囲まれて生きなければならなかったり、他者との望ましいとされる依存形態が固定化されてしまったりと、結婚が惹起する諸問題は、「正義にかかわる喫緊の課題なのである」［ibid.: 24］。第二に、不公正で暴力的でさえある現行の結婚は、他者のニーズに応答することで、その他者の善、すなわち福利や安寧、潜在能力を促進するという理想的なケア関係を保障するものではなく、むしろ、性愛規範から逸脱するケア関係を危険にさらしている（第4章）。したがって、同性・異性に関わらず二人のカップルへとケア関係を縮減させている規範である性愛規範から、リベラルな婚姻法は自由であるべきである。

性愛規範性は、他のかたちの抑圧、とりわけゲイ・レズビアンへの抑圧、女性への抑圧と重なって法外な負担をもたらしている。性愛規範性はそれ自体が、抑圧に特徴的なように体系的である。法的罰則と差別は、社会的圧力や社会的差別、メディアにおけるステレオタイプ化、職場内差別、消費者価格決定、児童教育と連動している［ibid.: 171］。

結婚が性愛規範性と結びつけられており、社会に張り巡らされるさまざまな情報によりその結びつきが強化されていることは、その規範に従わない者たちの法的、経済的、そして社会的な機会を制限してしまう。すでに、札幌地裁判決において触れられていたように、ブレイクもまた、結婚が「完全パッケージ」としてみなされ、一一三八もの連邦法の条項により既婚者には「膨大な権原や負債、認証、権力」を背負わせ／享受させていることを問題視する［ibid.:269-270］。ブレイクによれば、理想上のリベラルな平等社会では、一部の者だけにこうした特権を認める制度は許されない。しかし、ケア関係が諸個人の善の構想を育むために不可欠であるがゆえに、リベラルな社会では、「ケア関係を指定したり、承認したり、支援したりする機能を果たす法律は正当なものであり、必要不可欠なものでさえある」［ibid.: 272］。

ブレイクと同様に、現行の婚姻制度の不当性を告発し、私事化されてしまっているケア関係を法的・政治的によりよく保障することを唱え、ブレイクとは逆に、「だからこそ」婚姻制度に反対してきたフェミニストの一人に、マーサ・ファインマンがいる。ブレイクと同様にファインマンも、その強い強制力から「家族はなによりも、社会的制度である点をはっきり自覚することが大切」といい［ファインマン 2003: 178］、ブレイクが性愛規範性と結婚を切り離したように、ケア重視の観点からファインマンは家族と「性的家族」を切り離して考えようとする。そして、だからこそ、ファインマンは婚姻制度の廃止を唱えるのだった。では、ファインマンはなぜ、「だからこそ」結婚は廃止したほうがいいと考えるのか。彼女の議論を概観してみよう。

家族とセクシュアリティを混同するのではなく、むしろ母子という形態を「自然な」単位、あるいは家族単位の核とし、その基本的単位を中心に社会政策や法規をつくるべきだと見なす。この世代を超えた性的でない親密性の組織こそ、法と政策が保護し、優遇すべきだというのが私の考えである。［ファインマン 2003: 19-20］

こうしたファインマンの主張の根幹にある批判は、資本主義的な個人主義とそれに支えられた社会国家の在りようへと向けられている。ファインマンの議論によれば、合衆国における強い社会的文化的規範ゆえに、「自然」にみえる家族は、「子どもを育て、病人や貧者や文化的に依存者とされる者をケアする際の拠り所」である［ibid. 179］。しかし、そうした規範が広範に支持されているのは、他方で、この社会制度が国家の要請に沿い、依存にかかる負担を家族内部で担い、公的な負担を極限まで低くするという役割を果たすからであり、そのため、その限りにおいて国家から「自然な」家族は膨大な公的支援を受けている[12]。その反射的効果として、たとえばシングルマザーたちは、逸脱家族として、国家のさまざまな管理の下におかれ、プライヴァシィの権利さえ侵害されることになる。

ファインマンは問う。もし、家族がケア関係を育む拠り所であるならば、なぜ、ケアする・される者たちを中心とした家族制度を構築することを目指さないのだろうか。社会の構成員をあたかも、自立した、稼得能力を備えた健常者であると考える個人主義的な資本主義社会では、「国家が社会的弱者たる成員のケアや保護、そして未来の市民を生み、育て、教育するという仕事を家族に頼り、割り当てている」［ibid.: 246］。しかし、家族内でケアを引き受ける者たちは、そのケア役割のために、誰かに・何かに、自身も頼らなくてはならない、すなわち二次的な依存に陥ってしまう。現在の性的家族規範によれば、愛する者に私的に頼る限りは、美しい家族愛としてその依存は不可視化されるが、継続的に一人の愛する者に頼ることがかなわない者たちは「逸脱者」として、社会的だけでなく、法的にも制裁が科せられることになる[13]。

ファインマンによれば、性的家族規範から自由になるため必要なことは、法的婚姻制度を廃止することである［ファインマン 2009］。家族制度のもつ社会的機能（＝ケア機能）は維持しつつ、性愛にもとづく結婚に対する法的承認はなくし、結婚は、むしろ社会的・文化的・宗教的な構築物として残り続ける。「結婚から法的地位をなくすとは、あくまでそれを国家からの社会的財を受け取るしくみとはしないという意味である」［ibid.: 116］。

ファインマンはこうして、一部の者たちを罰し、一部の者たちを優遇する現在の不正な家族制度を、ケアされなければ生きていけない人たちとケアする人たちを基軸に構想し直すさい、メタファーとしての母子関係を重視する。母子というメタファーは、ファインマン自身が教鞭をとる家族法の演習のなかで体験したように、あからさまな性差別だという反応、フェミニストからは、女性たちをまた母親業に縛り付けるとの批判を受ける。しかし、彼女は、性差別だという反応については、子育てに関わる者、あるいはケアされる者にも男性はいるのだから、母子メタファーは性差別的ではないとし、かつ、後者の批判については次のように応えている［ファインマン 2003: 257-261］。

第一に、「自然な」性的家族という社会文化的に強固なイデオロギーに対抗するために、もう一つの強固なイデオロギーである母子対という養育単位に訴え、社会的支援の対象を、性的家族というじつは曖昧で抑圧的な機能を果たしている単位から、明確にケアを中心にした単位へと移行させるためである。第二に、サラ・ラディクを参照しつつ、母親業 mathering、母的思考 maternal thinking は、じっさいになにをすることなのかを分節化するためである。現在、母親業や母的思考は私事化されているために、公的領域から分断され、政治的な力をはく奪されている。しかし、税制や社会保障の単位を母子対と明確化し公的に可視化することは、依存の問題、そして依存者をケアする者たちが強いられる二次的依存について、政治的な課題として取り組む契機となるからである[14]。そして、母子対というメタファーによって、資本主義、個人主義における支配者たちによる意味づけから、母親業、そして母親たちを解放し、社会的資源の再配分をめぐる政治に変革を起こすことが期待されている。

「母親」をフェミニズム論争に肯定的に導入しようとする私の試みは、多くの人から危険すぎると思われるのは承知の上である。（中略）母性は未知の力を有している。つまり私たちが親密性について考える場合、支配的なセクシュアリティの威力に挑戦する力、私たちの家族の概念を再定義する力をもっている。おそらく、だからこそ、男たちがかくも長い間、その意味を支配しようとしてきたのである［ibid.: 258-9］。

ファインマンが現在の家族をセクシュアルな関係性から切り離し、最も重要な政治機能の一つである社会的資源の再配分の在り方を変革しようと考えるきっかけとなったのは、結婚に固有の特権と保護を、他の親密な関係にも適用するような試みをするよりも、いっそ成人間のあらゆる関係性を国家の規制から外したほうがよいと考えるいくつかの事例を経験したからであった［ibid:13-］。一つは一九七〇年代、ウィスコンシン州マディソン市の機会均等委員会の委員を務めているときに、非伝統的な形態の家族にも手当と保護を与えるためのオルタナティヴ家族条例案が提出された時である。しかし、そこで想定されている家族とは、結婚と似た形態に限られており、同性であれ異性であれ、一対のカップルが前提されていたのだった。ファインマンが懸念したのは、すでに成人となった子が親と依存関係にある場合、あるいは、たとえ別居しているにせよ、あるいは部分的であれ、老親をケアしている者が、カップル志向の制度から排除されてしまうことであった。しかし、性愛関係のない結びつきにもオルタナティヴな家族として配慮せよというファインマンの訴えに対して、他の委員たちが懸念したのは、一夫多妻制や一妻多夫制を認めよという主張が出てくるのではないかといったことであった。この経験が示すのは、家族はあくまで性的な関係を中心にしているという強い信念である。

第二の経験は、一九八〇年代にファインマンが当時勤める大学において、いかにして花形教員を引き留めるかといった議論を交わした時のことである。学内の他の学部に配偶者を雇ったり、あるいはすでに務めている配偶者への優遇策が提案されたりするが、議論となったのは、その配偶者に同性も認めるか否かであった。それに対して彼女は、むしろ教員の子に、教育費が上がる一方の大学進学のための奨学金などを与えるといった提案をしたものの、突飛な提案として却下される。ファインマンが呈する疑問は、「親密性の中でももっとも希薄で永続性のない関係に」、なぜ経済的にも社会的にも恵まれた立場を与えるのか、だった。確かに経験上も、そして法的にも配偶者と別れることは容易であるが、親子のつながりは永続的であるにもかかわらず、なのだ。

ファインマンが経験した二つの事例から、いかに「自然な」家族が性愛中心に想像されてきたかがよくわかる。では、こうした二つの事例に現れる同性カップルたち——まさに、あたかも性的指向こそが核となるアイデンティティであるかのように扱われてきた人たち――は、どのような議論を結婚についてしてきたのだろうか。彼女たち・かれらは、当然のように結婚を求めてきたのだろうか。

（3）同性婚をめぐる議論における、フェミニストによる結婚制度廃止の訴え

すでに本稿で幾度も確認したように、現在結婚には多くの特権が付与され、その制度から排除されることは、社会生活を送るうえでも、法制度上も、そして経済的にも脆弱な立場を強いられ、文化的にも婚姻制度の外に留まることは、様々なスティグマを生き抜かなければならない状況を生みがちである。したがって、同性婚をめぐる議論が深まるなかで、いかに結婚が、根本的に不正な配分手段を与えているか、結婚に付随する特権が一部の人たちだけには認められ、なぜ同性愛者は排除されるのか、平等を求める議論が深められた。しかし、こうした平等の追求は、自己意識の変革・肯定的な自己意識を通じた社会変革と、社会の誤認によって貶められてきた他の抑圧されたひとびととの連帯を通じた解放運動の視点からすると、むしろ同化主義、形式的平等、リベラルな平等といった形で後退とみなされることが多かったことは記憶に留めておくべきだろう［岡野 2009］[15]。

たとえば、七〇年代のそうしたゲイ解放運動の精神を引き継ぐ形で、イギリスの法学者ニコラ・べイカーは、その著書『結婚ではないかたちで Not the Marrying Kind』［2013］において、家庭内で女性の負わされた無償労働の搾取こそが社会的な女性抑圧の元凶だとつきとめた七〇年代のマルクス主義フェミニストたちの議論に立ち返りながら、ゲイ解放運動とフェミニズムの深い関係について論じ

ている。彼女の議論は、第二波フェミニストたちによる婚姻に対する批判を継承している。その理由は、第一に、グローバルな分業が進行した経済構造の変化と福祉国家再編を経た二一世紀型家族（＝二人稼ぎ手モデル）においてもいまだ、性別分業は継続しており、伝統的な家族規範は強く残っているということ。第二に、ベイカーもファインマンを参照しつつ、家族の政治機能をケアの私事化と捉えているからだ。ケアは主に女性に課せられる負担であり、富裕層であればケアを外部化して、その多くを外国人ケア労働者を低賃金で雇うことで賄っている。すなわち、相変わらずケアの私事化は社会的に周辺にとどめ置かれる人びと、時に政治的権利を奪われている外国人を搾取する構造を作り出していること、である。第二波のフェミニストたちは、男女の対による結婚制度からなる家族の政治的効果、女性の抑圧とケアの私事化を明らかにしたがゆえに、結婚制度廃止を強く訴えた。

こうした第二波フェミニズムの議論に深く影響されたゲイ解放運動は、当時次のように訴えていたのだった。『結婚ではないかたちで』は、この引用から始まっている。

> 改革は、しばらくの間、物事をよりましにするかもしれない。法的な変革は、異性愛者たちの（同性愛者に対する）敵意をより少なくし、かれらは、ほんの少しは寛容になるかもしれない。しかし、改革は、異性愛者たちのより奥深くある態度、すなわち、同性愛とはせいぜいのところ、異性愛者たちの生活より劣っていて、悪くすると、病的な倒錯であるとする態度を変えることはないだろう。この態度を変えるためには、改革以上のことをしなければならない。というのも、そ

れは、わたしたちの社会のもっとも基本的な制度、すなわち、家父長制的な家族に根づいているからである［Gay Liberation Front 1971（Baker 2013:1）より引用］。

ゲイ解放運動の時代には、婚姻制度こそが家父長制的な家族――父親の権威と権力を温存させている家族――を支えており、同性愛者に対してさまざまな偏見や敵意が向けられたのは、家父長的な家族を揺るがす存在であると同性愛者たちがみなされていたからであった。二〇〇一年のオランダを始めとして、すでに三〇カ国以上が同性婚を認め、パートナーシップ制度も多くの国で採用された現在では、家父長制批判は適切ではないかもしれない。しかしながら、同性婚が認められたにせよ、婚姻カップルを核とする家族の社会的機能、すなわちケアの私事化には変化がみられない。たとえばここで、一九八三年にジョン・デミリオが発表したゲイ・アイデンティティ論の古典ともいえる論考を参照してみよう。かれは、合衆国の歴史を振り返りつつ、ゲイ・アイデンティティがいかに資本主義の下で育まれたかを考察することで、同性愛者たちの生き難さがなにに由来しているのかを明らかにし、資本制と家族との両義的な関係に光を当てた。かれの議論は、現在のネオリベラリズムと伝統主義の奇妙な結託を考えるうえでも貴重な示唆をあたえてくれている。個人主義を基調とする後期資本主義社会において、なぜ家族、とりわけ男女の婚姻関係に起因する家族が神聖視されるのだろうか。その理由を、アメリカにおける資本主義の展開のなかでデミリオはつぎのように説明していたのだ［D'Emilio 1998］。

そもそも、合衆国において植民時代の家族は、自足的な生活を営んできたが、資本主義の発達、つまり自由な労働市場が展開するなかで、家族の構成員の生活は外部市場の賃労働に依存するようになる。賃労働が支配的になると、家族集団は生産とは切り離された個人生活（＝消費）の場となり、性的な関係は、子どもを作るという目的からは切り離された、親密な関係性へと変化していく。すると、かつては家族に留まることによってしか生活の糧を得られなかった者たちが、家族を離れて単身の賃労働者として生きることが可能となる。彼女たち・かれらのなかから、出産という目的から切り離された性生活を独自に営みはじめる者たちが登場する。こうして、資本主義は、かつて自足的な生活を営めていた家族を脆弱化させた――外部の労働市場に依存しないと営めなくした――一方で、過酷な労働市場で疲弊する賃労働者を癒し、その必要物を与え、かつ労働者（力）を再生産させる場としての家族を神格化し、その社会的機能・価値を称揚するようになる。そして、資本主義そのものが家族の基盤を揺るがしているにもかかわらず、同性愛者やフェミニストたちが家族を破壊していると喧伝され、スケープゴート化されるようになったのだ。

ゲイ・アイデンティティをマルクス主義的な分析により歴史化することで、デミリオもまた、家族、とりわけ子育ての私事化を批判し、ゲイ解放運動の可能性を家族という境界線を越えていくことにみいだしていた。

わたしたちは（……）、家族を孤立させてしまう境界線、とりわけ子育てを私化する境界線を解くことにつながる構造とプログラムを必要としている。わたしたちには、プライヴァシィと共同性が共存しているような、コミュニティ、あるいは労働者が自主管理するデイケアや住宅が必要だ。それは、医療機関から文化施設まで含む、近隣からなる諸制度であり、わたしたち一人ひとりがそこに安心の場を見いだせる、社会的なユニットを広げていく。わたしたちが、帰属意識を与えてくれる核家族を超えた構造を創造するならば、家族は、その意義を弱めていくだろう。[ibid.: 139/156]

こうしたゲイ解放運動の精神は、合衆国の同性婚をめぐる論争のなかにも息づいていた。デミリオも賛同人の一人となった二〇〇六年に発表された「同性婚を越えて」声明には、すでに多くの家族や世帯はじっさいに婚姻カップル中心ではないことが当たり前になっている現実に即した改革が求められていた[16]。

同性婚の権利を求める闘争は、多様な世帯や家族の安定と経済的な安全性を確保するためのより広範な努力のほんの一部にすぎない。LGBTコミュニティは、家族や関係性には境界線はなく、決して唯一存在する型に窮屈に嵌め込まれるようなものでないとする、充分な理由がある。／あらゆる家族、関係性、世帯は安定性と経済的な保障を懸命に求めており、婚姻関係、配偶者関係が要求しているものとは別個の、基本的な法的・経済的承認形式によって支援されるべきであろう。

同性婚が争点となることで、ゲイ解放がもっていた新しい社会構成をめざした運動がむしろ不可視化されてしまうという懸念のなかで公表された声明のなかでは、福祉・社会保障制度・税制改革によって、特定の世帯ではなく、じっさいに様々な形で家族、親族関係、世帯、友人関係、コミュニティなどを築き上げているひとたちのニーズに応えるべきだと訴えられている。政府が「正統な家族」を配偶者関係にあるカップルを中心とする法的な承認を受けた世帯だけに限っていることは、じっさいに多くの世帯を、社会的、経済的、道徳的にも劣った集団として、懲罰的に扱っているのだった。ファインマンもその不合理性を厳しく批判していたが、声明のなかでも具体的に多くのケア関係に光が当てられている。たとえば、一緒に住んでお互いにケアを提供し合っている高齢者たちの世帯、年老いた親と同居しケアする成人した子どもたちからなる世帯、孫の世話をしている祖父母や親戚の子を育てる世帯、ポリアモリー世帯、シングル親世帯、友人たちからなる世帯、共に子育てする複数のクィアカップルたちからなる世帯などである。

この声明においては、婚姻制度が否定されているわけではない。むしろ、かれら・彼女たちが対抗しようとしているのは、婚姻制度を利用することで、社会保障や公的サーヴィスを削減し、財政支出を抑えようとする、右派による福祉制度の民営化／私有化の目論見であった。

3　理想状態から現実の不正義への応答へ
——修復的で変革的なリベラリズムの可能性

（1）なぜ、それでも結婚なのか？

前節では、あまりに抑圧的・差別的「だから」結婚をなくす、少なくとも法的に特別視することをなくし、むしろ友人関係をも含んだ、互いにケアしあい、支援しあう、一定期間継続的な様々な関係性を公的に承認していく議論を、フェミニズムやLGBT運動のなかに確認してきた。そして、ブレイクはこうした批判は承知のうえで［ブレイク 2019: 第5章］[17]、なお、問題は結婚ではなく、現在の婚姻制度に紛れ込まされている性愛規範性やその他の宗教的・道徳的な包括的教説こそが不正なのであり、カップル至上主義も性愛規範性も取り払った婚姻制度であれば、むしろ婚姻制度は維持されるべきだと論じる。

その根底にある彼女の主張は、2でみてきた、ケア関係を重視するがゆえに婚姻制度に反対する議論とその核心は共有しているがゆえに、「だったら」結婚するなという反リベラルな主張と、「だから」結婚しないというラディカルな主張の間にありながら、リベラリズムの再考という点でも興味深い議論を展開する。つまり、ブレイクもラディカルな主張同様に、「現在の結婚は価値があるものとはいえない。なぜならそれはケアを促進するというよりはむしろ、その規範に適合しないケア関係を危険にさらしているからである」と論じながら［ibid.: 146. 強調は引用者］、彼女の目的は、あらゆるケア関係を、正義とともに保障・促進する制度のリベラルな構想にある。

ブレイクは、ケアの価値、すなわち、(1)他者のニーズに応えることで、その善を増進する、(2)信頼や感謝といった道徳を育むことで特別な責務を果たすよう行為者を動機づける、(3)個別の他者との親密な関係性のなかで、歴史的、身体的、心理的な深い知識を習熟する、といった価値を重視し、したがって、その価値に対して法的な支援が必要であると繰り返し主張する［ibid.: 151-156, 162-163, 177, 251-255, 272-279, 289-309］。そして、ファインマンらに言及しつつ彼女は、依存を伴うケア、すなわち養育と、一方的で継続的な依存を伴わない結婚は分離すべきだとして、養育関係のみを国家が保障する社会的基盤とみなすファインマンとは異なり――正確にいえば、養育に関してはファインマンの議論に依拠しつつ――、それとは別に[18]、結婚もまた、法的承認を必要とすると述べるのだ。

婚姻制度を維持する理由は、現在の不正状態にもかかわらず、依存を伴わないケア関係を維持するために結婚が果たす役割が存在するからである。すなわち、その役割とは、「(1)承認する権利（たとえば、埋葬に関する権利、忌引き、第三者に対して任意にケア提供者の地位を指定する権利）と、(2)支援する権利（たとえば、在留資格やケアのための休暇）のみで成り立つ」［ibid.: 272］。生活する上でケア関係にあることを承認される必要がある諸制度――在留資格が問われる出入国管理制度など――に対して、どの関係が保護されるべきかを法的に承認するもの、それが「最小結婚」である。それゆえ、社会・経済的なジェンダー不平等の構造がもっともよく反映されているような、いずれか一方の経済的依存を前提としたような税制上の優遇などの経済的支援は、「最小結婚」のなかには含まれない。

ここで注意すべきは、ブレイクはこの点で、ファインマンらがいうように成人間の関係は、私事に任すべきだという主張には警鐘を鳴らす。なによりも、一方的な依存を伴わないケア関係であっても、国家の承認、法制度による支援は必要なのであり、それらを私事にまかすことはむしろ、成人間のケア関係という社会基盤を掘り崩していくことになるだろう。

さらにブレイクの立場からすれば、ファインマンもまた、成人間のケア関係に関しては、現在の結婚制度を拘束している性愛規範から自由でないようにみえる。ファインマンの母子対を中心とするケア家族の構想では、「成人同士の「合意による」性関係は、法的に規制されることはない」として［ファインマン 2003: 251］、婚姻制度を廃止することによって、「性関係」を家族制度の中心部から私的なものへと追い払ってしまう。それに対して、ブレイクの主張は、依存的ケア関係については、それを維持するために必要なものの提供が、社会的基本財として国によって保障されるよう、別制度として新たに創設され、他方で、成人間の多様なケア関係――成人間といえども、いつ依存関係になるかもしれないので、依存的なケア関係の社会的基盤ともなる――を婚姻制度に包摂するために、関係性の規制から「性愛規範性」だけ――カップル至上主義も含め――を退けるのである。

ブレイクのこの主張の背景にあるのは、私事化は自由を広げるどころか、むしろ、国家の規制をなくしてしまうことによって、社会的抑圧や市場による支配によりさらされることになるという懸念である。結婚を私事化すれば、「結婚における関係と地位が社会的慣習に沿って標準化され、しばしばカーストのように恣意的ないし非人格的な価値基準に基づいている」ことにむしろ抵抗することができなくなるからだ［ブレイク 2020: 274］。私事化が決して抑圧からの自由を意味しないことは、「個人的なことは、政治的である」といった第二波フェミニズムから学んだ歴史でもある。

(2) 過去の不正義の告発

こうして、ロールズ流の政治的リベラリズムの範疇において「最小結婚」を理想状態において構想しようとするブレイクの議論に、リベラルな国家を構想しその介入によって、過去から続く現在の不正を修正しようとする、修復的正義の観点を看取することができるだろう。ロールズはじめ、理想理論は、現実に存在する不正義の構造にはその正義論は届かないといった批判が繰り返されてきた［cf. ヤング 2020］。たしかに、構造化された人種差別、女性差別、経済格差が解消されず、合衆国においては国民皆保険・皆年金さえ実現していない現実において経済的に誰かに依存する必要もなく、ケア提供を常に必要とはしない健常な成人同士ならば、どのような結婚制度が最小限必要となるかを論じることは、結婚を最小限にする代わりに、最大限の社会改革を要請しているようでもあり、現実の不正義への直接的な応答にはなっていないようにも思える。しかし、理想理論は、「変革のための強力な道具立て」、「導きの糸」として［ブレイク 2020: 321］、現在の不正のどこを正せば、正義にかなった公正な社会へと少しずつ向かっていくかを示しているはずなのだ。

　いかにわたしたちは、「最小結婚」が可能な、すなわち理想的な公正な社会へと近づけるのだろうか。このことを考えるために、ブレイクの議論を再度、「だったら」結婚するなという反リベラルな主張と、「だから」結婚しないというラディカルな主張とのあいだで振り返ってみよう。養育と結婚の分離は不正義の告発という文脈において理解されてこそ、その鋭い批判力がより一層発揮されるからだ。養育を規制・支援する法的枠組みと成人間のケア関係を支援する制度が切り離されることには、二つの意味が込められている。

第一に、これまで結婚にさまざまに負わされていた宗教的・道徳的なイデオロギーの根拠となっていた「再生産」が、結婚の本質ではないことを明らかにしていること。多くのフェミニストたちが指摘してきたように、婚姻制度は、女性の社会的地位の低さの原因であると同時に、皮肉なことにその社会的地位の低さから引き起こされるたとえば貧困問題を解決する重要な制度としても機能してきた。しかし、結婚から養育が切り離され、「最小結婚」のみが正統に法的承認が受けられる制度となることで、一方が他方に常に依存する状況を前提とし、それを維持するようなこれまでの制度が、いかに不正であったかが強く示され、国家はその修復のために補償が求められるとさえいう。過去（と現在）の国家の不正義を反映した現在の基本財の配分のありようは、女性たちを不利な立場においてきた。それどころか、そうした不正な制度を利用する適応的選好を多くの女性たちに育み、自ら不利な選択をさせる誘因やペナルティ、圧力を社会に張り巡らせてきた。「最小結婚」を理想とするならば、子育て負担を担う妻はその奪われた機会費用を補償されるだろうし、また、子どもたちには、差別を直視し、その誤りを正すような教育が施される［ibid.: 340-341］。

第二に、婚姻制度の本質として「再生産」が捉えられてきたがゆえに、ファインマンが鋭く批判したように、ケアは私的なものとして扱われてきた。それに対して、ブレイクの採用する養育と結婚という別個の二つの法的枠組みは、なにより「社会が脆弱な子どもたちに直接的な責任を有すること」を承認することを可能にする［ibid.: 254］。それだけでなく、「再生産」が婚姻制度と切り離されるがゆえに、養育をめぐって多様な関係が築かれうる仕組みが整うと同時に、「社会的または法的な親が生物学的な親であるという異性愛規範的な前提と対決するという副次的効果」が生まれる［ibid.］。これまで国家こそが特定の人種や、同性カップル、ポリアモリー、友人関係などに対する差別を生み出し、助長し、維持強化してきたのだから、社会に浸透したそうした差別と闘えるのは国家だけなのだ。

たしかにわたしたちは、日本であれば日本軍「慰安婦」制度という非人道的で残酷な制度を国家が創設し維持し運営したのだから、国家こそがその補償を担うべきだと主張し、また、合衆国の事例でいえば、シティズンシップ制度が合衆国が理想とする自由や平等、正義からかけ離れた編成を強制していた過去があるからといって、シティズンシップを廃止せよとはいわない。依存的ケア関係とそうでないケア関係を——峻別はできず、そこに連続性が存在することは、幾度も強調しておく必要がある——分けて考えることで、むしろ、養育と結婚が社会的基盤として、それぞれに国家に対して基本財や法的承認を要請していることが明確となる。

そして、ブレイクのいう政治的リベラリズムの徹底によって、過去と現在の不正義の維持に婚姻制度を利用しつつも、その自覚もない「だったら」結婚するな派に対しては、正義の理念をもって闘い、現在の不正に与することをよしとしない「だから」結婚しない派に対しては、むしろ、国家に対してこれまでの不正義の補償を求めるための制度改革へと共闘を呼びかけることが可能となるだろう。

おわりに――それでも婚姻の維持は現状維持へといたらないのだろうか？

「最小結婚」の魅力は、最小といいながら、それが最大限の社会変革への道をわたしたちに指示していることだ。翻っていえば、現在の結婚制度がいかに、女性や多様な性指向・性自認をもつ人びとだけでなく、友人関係や親族関係、人種や民族に対する差別を助長し、ファインマンがとりわけ批判するように社会保障制度や福祉、雇用制度をも左右しているかを、「最小結婚」という視点はこれまでにない形でわたしたちに照らし出してくれた。偏向した人間観・社会観を孕んだ宗教的・道徳的なイデオロギーを遂行することを結婚制度が担わされることで、いかに現在の結婚がわたしたちから、不正義を覆い隠してきたか。その結婚を最小限必要な公正な制度へと縮減することで、必要なケアを受けられない人びと、ライフスタイルゆえにいわれない排除に晒された人びと、社会保障制度や税制上不利に扱われてきた人びとが、社会の表面に浮かび上がってくるのだ。

　本章ではケア関係を中心に、「だったら」結婚する派でもなく、「だから」結婚しない派でもない、結婚制度残存派である「最小結婚」の広大な改革の展望を見渡してきた。ブレイクの議論の最大の批判力は、「最小結婚」を過去と現在の不正義に対する修復的正義のための契機として、結婚を新たに構成し直した点にある。しかしなお、公的な保育制度が不整備で、社会保障も低い合衆国という現実（＝非理想的な現状）から、ブレイクが示す理想状態へと移行するための道のりがあまりに遠いために、結婚制度の存続はむしろ、そうした理想に一歩踏み出すさいの足かせになってしまうのではないかという懸念がぬぐえないのも確かである。

本章では、『最小の結婚』の核にある主張、すなわちケアは自己の善と道徳能力や認知能力の育成に不可欠であるために、自尊心同様にケア関係を保障する社会的基盤を平等に配分されるべき――教育を通じて、その意義を市民たちは学ぶであろう――であり、それゆえ、国家が正義にかなった形で法的な権利としてケア関係を保障すべきであるという主張に賛同し、リベラリズムを厳しく批判する傾向にあるケアの倫理という観点からも、大いに学ぶべき議論であると理解してきた。しかし、非理想的な現実社会のなかで、抑圧的で差別的な結婚制度から偏向的な恩恵を受けてきたマジョリティの一員となることは、現在の結婚制度の不正義を告発していくエネルギーをも吸収していってしまうのではないだろうか。理想理論の構想がもつ批判力は、結婚制度が生き残ってきたその強力な持続力に巻き込まれるなかで、その輝きを失ってしまうのではないか。

家族の道徳性や功利性を説くのでもなく、結婚制度廃止を主張するのでもない「穏当な提案」をするフェミニスト法学者のロビン・ウエストもまた、ケアこそを結婚の第一義的な社会的・政治的意義としながら、変革を通じた存続を主張している。結婚は、一九世紀の家父長的な――国家から夫へと世帯内構成員を支配する権威を移譲された――制度から、一九五〇年代までの伝統的――性別分業と性道徳によって拘束された――制度、そして七〇年に入ると契約型の――個人の選択を基調とする――制度へと変化するなかで、自然な制度から政治的な選択に関わる制度へとはっきりとその意味を変えた。したがって、現在の不正な制度を現状のまま残すか、廃止するか、修正するかの選択肢にわたしたちは開かれているとし、彼女もまた、修正を選択すべきだとしている［West 2007: 196-7］。結婚を私人間の契約へと還元してしまうことは、法や民主的なプロセスを通じて、親密な関係が正義に適っているかどうかを評価する公的な窓口を失うことになり、むしろあらゆる経済関係を過剰に私事化してしまう傾向に拍車をかけるだけであるからだ。(19)

したがって、その危険性とは、結婚の廃止がその制度に内在する、あるいはそれを取り囲む構造的な不正義を強制しない、ということではなく、むしろ悪化させることにある。もしわたしたちが万一結婚を廃止してしまうなら、私的で親密な関係性からうまれる不正義が考慮から外されてしまい、つまり、公的な関心である不正義のひとつでなくなってしまう［ibid.: 203. 強調は引用者］。

ウエストによれば、非理想的な現状だからこそ、むしろ公的な制度として民主的な関心の下においておかなければ、貧困や暴力といった多くの女性がさらされている問題を解決していく国家の責任が解除されてしまう。ブレイクがめざす理想的な状況でリベラルな「最小結婚」が社会変革を経て実現するまでは、国家の責任で、時に罰則を課したり補償を与えたりしながらその不正を正していく必要があるだけでなく、現状の結婚を厳しく正義の枠内でチェックしていかなければならない。

「最小結婚」という問題提起は、むしろ結婚が現在担わされているさまざまな負担を解除しつつ、国家に果たすべき社会的責任を担わせ、理想状態においては、依存的なケア関係を多様に結ぶことを権利として保障することで、「だったら」結婚しなくてよい人びとを増やすことへと繋がってもいるのかもしれない。

〈注〉

（1）裁判についての概要や、裁判以外の同性婚を求める活動については、https://www.marriageforall.jp/ に詳しい（最終閲覧二〇二一年十月九日）。

（2）二〇二〇年二月に東京地裁で開かれた口頭弁論のなか、原告の一人である小野春さんが女性パートナーと共に子どもを育ててきた経験を語り、いかに共同親権がないために困難に直面しているかを裁判官に直接訴えた。さらに、小野さんに乳がんが見つかり、精神的にも肉体的にも苦しむなか、パートナーである西川麻美さんの扶養に入れなかった経験にも触れている。（ＨＵＦＦＰＯＳＴ二〇二〇年二月四日／更新二〇二一年七月二十二日より、https://www.huffingtonpost.jp/entry/same sex marriage lawsuit-tokyo4_jp_5e38b2cdc5b687dacc71b122 参照。最終閲覧二〇二一年十月二日）。小野春さん、西川麻実さんカップルの経験については、［小野 2020］を参照。

（3）後に触れるように、選択的夫婦別姓に反対する政治家や保守言論人たちにみられる強固な反対からもそのことは十分うかがえる。［阪井 2021］によれば、あくまで個人の「選択」として別姓を認めてほしいという要望でさえ否定する同性原則論者に共有されているのは、別姓を望む人びとが「個人主義者」であるという前提である［ibid.: 74-76］。かつてわたしは、憲法改正問題に絡めて、現行憲法を否定する人たちの根底にあるのは、個人主義に対する反発と、それを支えている国家主義だと論じたが［岡野 2017a］、現在の家族制度とその運用を死守しようとする人びとは、個人主義を抑制するタイプの家族主義こそが現在の国家主義を支えているという信念をもっているといってよいだろう。たとえば、なぜ憲法九条改正を唱える者はほぼ例外なく、現行憲法において個人の尊厳に言及する二四条も問題視するのかを考えてみればよい〔岡野 2017b〕。

（4）強調は引用者。当判決の論点について理解しやすい解説としては、安田聡子「「同性婚を認めないのは、憲法に違反する」判決はどう導かれたのか？」」を参照されたい。（ＨＵＦＦＰＯＳＴ二〇二一年三月二十二日。https://www.huffingtonpost.jp/entry/marriage-equality-sapporo-japan_jp_6051daa8c5b605256ebf99b3〔最終閲覧、二〇二一年十月七日〕）

（5）注3を見よ。

（6）なお、『新潮45』は「ＬＧＢＴ」への差別的な記事掲載の批判を受けたことをきっかけに二〇一八年九月に事実上廃刊した。

（7）杉田記事公刊後、当時立憲民主党衆議院議員の尾辻かな子議員がツイッター上でいち早く批判し、それに続いて多くの当事者たちが批判の声をあげ、東京や大阪などでの抗議デモが行なわれた。わたしもまた、七月二十八日大阪での抗議デモに当事者の一人として声を上げた。この件については、〔岡野 2020〕を参照されたい。

（8）三輪さち子「夫婦別姓に「それなら結婚しなくていい」国会でヤジ」『朝日新聞デジタル』（二〇二〇年一月二十二日）。「衆院代表質問で二十二日、国民民主党の玉木雄一郎代表が、選択的夫婦別姓の導入を求めたところ、それなら結婚しなくていい、という趣旨のヤジが飛んだ。終了後、玉木氏は記者団に「自民党席の女性議員から飛んできた」と語った。」https://www.asahi.com/articles/ASN1Q65H5N1QUTFK02L.html（最終閲覧二〇二一年十月七日）。なお、多くの証言から、この発言も杉田議員のものであったことが推察されており、じっさい玉木議員が、後ほど、杉田議員に発言がひどいと伝えたところ、本人も否定もせず「玉木さんがあんなことを言うから」と答えたとの報道もあり、杉田議員の発言であったと考えて間違いないと思われる。ただし、本稿では発言者が誰であるかよりも、こうした発言を支える思想について焦点を当てる。

（９）本稿における「個人主義」は、以下のように近代の道徳秩序を説明するチャールズ・テイラーの理解によっている。「われわれは互いに顧慮しあう個人として権利と義務をもつことが強調される。しかもそうした権利と義務は、政治的な紐帯に先立つか外部にあるとすらされる。道徳的な結びつきのほうがより根底にあるとされ、政治的な義務はそれを拡張ないし適用したものとみなされるのだ」[Taylor 2004: 4/2]。すなわち、本稿における個人主義とは、第一に「個人から出発し、社会を個々人のために設立されたもの」とみなし [ibid.: 19/27]、第二に、したがって「政治社会とは一種の道具」であり [20/28]、人びとが日々必要とするものを最優先し、相互行為のなかでなお人々が自由な行為者でありうることを保証することが政治社会の目的であるとする考え方をさす。こうした個人主義に敵意を示す政治家、論者たちが許しがたく感じているのが、この国家道具説であろうと推察している。したがって、こうした個人主義を批判する者たちによって示される国家主義とは、個人は国家存続という目的のための道具であるとの主張である。

（10）こうした国家主義は、たとえば現在の政治社会の在り方を批判すると、〈文句を言うなら、日本から出ていけ〉という反論を投げかける態度にも通底している。

（11）以下、『最小の結婚』からの引用はすべて邦訳による。

（12）税制、相続税、居住権、保険、給付金規定など、中流および富裕層の家族単位を優遇するように設計された隠れた公的助成を受けている。

（13）ファインマンが参照する事例は、ＡＦＤＣ（要扶養児童家族扶助）の給付金を受けているシングルマザーに、報奨金と引き換えに、強制的な避妊装置を埋め込ませるような政策である。ＡＦＤＣは一九九六年の個人責任・就労機会調整法の成立により廃止され、その後ＴＡＮＦ（貧困家族一時扶助）へと引き継がれるようになるが、ＴＡＮＦはそもそも、temporary 一時的な給付とされているように、福祉に頼ることは一時的な「逸脱」であり、ケアを担っていようがいまいが、就労することが原則であるとされている。
（14）母親業に対する哲学的・政治的再評価に対する、性別分業の再強化といったフェミニストからの批判については、［元橋 2021］を参照。元橋は、ケアの倫理を国際関係論へと援用しようとするフィオナ・ロビンソンを参照しつつ、「そもそものような批判が、公私二元論のフレームワークに囚われている」と指摘する。元橋によれば、そうした批判はむしろ、母を人間とは異なる、あるいは人間よりも劣る者とみなしている、ケアする者は、合理的な男性を理想とする個人に値いしないといった判断が前提になっている［ibid.: 48-52］。
（15）［岡野 2009］では、カナダの同性愛者たちの運動を振り返りながら、憲法上保障された平等を求める運動へと変化した同性愛者たちの運動は、つぎのように評価されるようになったとまとめた。
「社会変革力の剥奪」：平等な尊重を基調とする権利の平等の訴えは、普遍化可能であるために運動の手段としては利用しやすい。しかし普遍化可能であることは、多数者と「同じ扱い」を求めることへと運動を縮減させてしまう。

「差異の隠蔽」：差別を証明するために、「不変の差異」に基づく不合理な差別であると訴えなければならない。それゆえ、レズビアンとゲイの間の差異だけでなく、両者の内にも存在するさまざまな差異とそれに基づく利害の相違が隠蔽されてしまう。

「同化の強要」：マジョリティとの差異のために被る社会における不利益を克服することを運動の目的とすることは、広く社会的共感を呼ぶことにつながる一方で、社会における支配的多数者の価値観を揺るがさない少数者像を造り出してしまう」［ibid.:71］。
（16）強調は引用者。二〇一六年九月十二日更新。http://beyondmarriage2006.blogspot.com/（最終閲覧二〇二一年十月二十一日）。
（17）「現在の婚姻法は、結婚したそこにとどまる経済的・法的な誘因を付与し、かつ、これらに社会的圧力と経済的依存が加わる。このように、退出を困難にすること、また、排他的な二者関係を促進することによって、おそらく結婚は虐待を助長している」［ブレイク 2019: 198］。

（18）「理想的には、独立した養育の仕組みは、経済的援助と情報リソース、子のケア、ケア提供者をサポートする職場づくりを含めて、養育者たちにサポートを提供する。それらは家族の自律性を保護し、家族が自らを運営することを許すが、虐待を隠すことは許さない」［ibid.: 255］。

（19）ウエストもファインマンが論じたように、現在の結婚制度のありようは、制度としての意義――よりよいケア提供――を全うするどころか、その意義を妨げているとして、不正な制度であると考えている。

〈参考文献〉

アイリス・ヤング 2020『正義と差異の政治』飯田文雄ほか訳、法政大学出版局。

岡野八代 2021「女性たちがつくる家族と「ケアの倫理」」牟田和恵・岡野八代・丸山里美『女性たちで子を産み育てるということ――精子提供による家族づくり』白澤社。

――― 2020「差別が差別と認識されない国に生きてきて」『Over』no. 2.

――― 2017a「国家権力による家族の包摂と排除――育鵬社「公民」教科書をよむ」『現代思想』45巻7号。

――― 2017b「フェミニズム理論と安全保障：24条「改正」論議を中心に」『ジェンダー法研究』4号。

――― 2015「平等とファミリーを求めて――ケアの倫理から同性婚をめぐる議論を振り返る」『現代思想』vol.43, no. 16.

――― 2006「承認の政治に賭けられているもの――解放か権利の平等か」『法社会学』64号。

小野春 2020『母ふたりで〝かぞく〟はじめました。』講談社。

阪井裕一郎 2021『事実婚と夫婦別姓の社会学』〔改訂新版、二〇二二〕白澤社。

ファインマン、マーサ 2003（=1995）『家族、積みすぎた箱舟――ポスト平等主義のフェミニズム法理論』上野千鶴子監訳、学陽書房。

―――― 2009（=2004）『ケアの絆――自律神話を超えて』穐田信子・速水葉子訳、岩波書店。

ブレイク、エリザベス 2019（=2012）『最小の結婚――結婚をめぐる法と道徳』久保田裕之監訳、白澤社。

元橋利恵 2021『母性の抑圧と抵抗―ケアの倫理を通して考える戦略的母性主義―』晃洋書房。

Barker, Nicola 2013, *Not the Marrying Kind: A Feminist Critique of Same-Sex Marriage* (London: Palgrave).
Brake, Elizabeth 2010 “Minimal Marriage: What Political Liberalism Implies for Marriage Law.” *Ethics* 120, no. 2.
D’Emilio , John 1998 “Capitalism and Gay Identity,” in K.V. Hansen and A. I. Garey (eds.) *Families in the U.S.: Kinship and Domestic Politics* (Philadelphia: Temple University Press).（風間孝訳「資本主義とゲイ・アイデンティティ」『現代思想』vol. 25-6, 一九九七年）。
George, R. P. and Elshtain,J.B .(eds) 2006, *The Meanings of Marriage: Family, State, Market, and Morals* (Dallas: Spence Publishing Company).
Tayler, Charles 2004 *Modern Social Imaginaries* (Durham, London: Duke U. P.).（上野成利訳『近代――想像された社会の系譜』岩波書店、二〇一一）
West, Robin 2007, *Marriage, Sexuality and Gender* (Boulder: Paradigm).

第5章 結婚よ、さようなら

志田哲之

1 結婚フェティシズム

「勝利を収めたのは個人主義なのではなく、家族なのである。」

これはフランスの歴史家フィリップ・アリエスが、名高い『〈子供〉の誕生』の結論の中で示した評価である［アリエス 1960=1980: 381］。

一八世紀末に起こったフランス革命を機に、西欧から近代は幕を開けたとされる。アリエスは一九六〇年に前掲書を著した。二一世紀を迎えてひさしいが、現況を鑑みてアリエスの評価にうなずく人は未だいることだろう。ここで注目してもらいたいのは、個人主義が近代という時代の目標の一つとして設定されている点である。

この家族の勝利は万人にとって幸福へとつながるのであろうか、また個人主義は、そして個人は今もなお敗北に期しているのだろうか。本章の関心はここにある。

第二次世界大戦後、長らく結婚や子どもを迎えること、そして家庭を築くことは、幸福な人生を送るための最低条件として捉えられてきた。その一方で幸せなはずの結婚や家族を巡る「問題」は、振り返ると絶えず提起され続けている。

たとえば日本のこの約四半世紀をおおまかに確認すると、未婚化・晩婚化・非婚化が指摘されている。なかでも五〇歳までに一度も結婚をしなかった人の割合はこれまで「生涯未婚率」と呼ばれ、近年では「五〇歳時の未婚割合」と改称されたが、この上昇が問題だとされている。離婚率の上昇や、それにともなうシングル親の増加と生活困難、とりわけシングルマザー家庭の貧困は長年指摘され続けている。さらに子どもが成長し手がかからなくなったころには老親の介護が待ちかまえていることさえある。高齢者一人に対する介護だけでも大きな負担だが、両親の介護を同時に行なったり、加えて配偶者の親の介護も従事するような多重介護、ここから生じる介護離職といったように、ほぼ全世代全年齢に渡って問題を容易に発見することができる。そしていうまでもなくこれらは結婚を起点にして人生の軌跡を描き続けることから生じている問題である。かつては男性が「結婚は人生の墓場」との諧謔を占有していたが、離婚にともなう所得低下と子どもの養育、老親の介護などは女性が主に担っている実態から、指し示す内容は異なれど、この言葉はジェンダーに関係なく利用可能となってしまっている。

そして「結婚」への人々の向かい合い方は、今日二極化の方向に進んでいるともいえる。一つは、より結婚を純粋に求めていく方向である。もう一つは結婚から距離を置いたり無効なものにしようとする方向である。

この二つの方向にはそれぞれ多様なバリエーションがある。さしあたり本章では前者には「結婚の純粋化」と名付けておく。いうまでもなくブレイクの『最小の結婚』の原著が世に出て、さらに国を越え翻訳されるという事態はこの一例だといえる。また権利としての同性婚の要求や実現もこれに含まれるといえる。もちろんわれわれがよく目にしたり耳にする事柄としては先に触れた五〇歳時の未婚割合上昇の問題化もこれに含められる。本章でいう「結婚の純粋化」とは、結婚の実態や意味付与、政治的志向がどのようであるかは問わず純粋に結婚それ自体を飽くことなく追求する、結婚規範から逃れられないフェティシズムとでもいえる様態である。

後者にも多様なバリエーションがある。こちらはさしあたり「結婚の無効化」と名付けておこう。フランスのＰＡＣＳ（連帯市民協約）のような結婚「ではない」制度の施行などは代表例として挙げられるだろう。また一対一のカップル関係に収斂しない性愛関係であるポリアモリーやオープンリレーションシップ、そしてシングル志向などもこれに含まれよう。シングル志向は、アセクシュアルやアロマンティックといった、性的関心や恋愛関心をもたない人々も有していると考えられる。本章で述べる「結婚の無効化」は、「結婚の純粋化」と同じく、結婚の実態や意味付与、政治的志向がどのようであるかを問わない。結婚から距離を置いたり、拒否することが自らの人生に適うとする様態を指す。よって「結婚の純粋化」、「結婚の無効化」のいずれにおいても、たとえば同性婚の是非といったようなその枠組みの中には対立するトピックが含まれる。

結婚には多様な意味が投げ込まれており、その先に家族の形成が控えている。アリエスが「家族が勝利を収めた」と評価を下すとき、結婚は勝利を成す要素の一つだといえる。

そしてアリエスの評価から六〇年以上の歳月が経った現在、結婚も家族も時代的要請として大きな変化が求められているとの視座に本章は立つ。「昔はよかった」と懐古に浸り復古を掲げる者もいるが、覆水盆に返らずのことわざのように、わたしたちの社会は過去とまったく同じ状態に戻ることはないからだ。また素朴にわれわれは、アリエスが評価を下した当時の社会をいまもなお生きて経験しているのだろうかと問えば、答えは当然否となることからもこの視座に大きな誤りはないだろう。

以上の前提をふまえつつ、本章で考えていきたいことは、「すでに家族の栄華は終焉を迎えつつあるのではないか、そしてそれは『結婚の純粋化』と『結婚の無効化』の二極化がより顕在なものとなる現在は、個人の勝利への経路が造り出される過程にあるのではないか」といったことである。

第2節では、「家族の勝利」をアリエスが唱えた時期より現在にかけて日本の結婚のありかたから確認し、この勝利が不動のものとしてわたしたちに君臨しているのではなく、その栄光はもはや色あせているとの評価を行なう。第3節ではそれにもかかわらず、結婚や家族の形成を求める「結婚の純粋化」の二つの潮流について紹介し、この潮流への批判的検討を行なう。第4節では、結婚による恩恵を得ようとする動きが、反作用として結婚による格差を強化する様相を示し、結婚とは異なる制度や関係を提示する。第５節では、第４節で示した結婚とは異なる制度や関係をもとに、今後、わたしたち一人一人が個人として幸福を実現する可能性を有する制度について考案する。

2　「皆婚社会」の成立と結婚規範の残像——戦後日本の結婚事情の断片から

(1)「結婚」とは何なのか

そもそも「結婚」とは何なのか。

今日、この問いに答えることは困難であり、仮に一言で答えようとするならば、「いろいろなものが投げ込まれてよくわからないもの」のような、とらえどころのない答えになってしまうだろう。

第二次世界大戦後から今日に至るまで、政治や経済、文化、テクノロジー等の変化は著しい。本章ではこれらは相互に反映しあうものだと捉え、その総体をさしあたり社会と呼ぶ。そして今、結婚とは何なのかを問うことは、結婚も当然著しい社会の変化と連動して変化をし続けてきたため整理して一つの答えを示すことは困難なのである。人々は、累積した「結婚とはなにか」のあまたある答えを任意に引っ張り出してきて「これこそが結婚だ」と開陳するような状況に陥っているともいえる。

とはいえ、「一般的な結婚のイメージ」というものは確かにあるだろう。まず男女が結婚式を挙げ、披露宴を開催し、新婚旅行に行き、新居でともに暮らし、これらの期間に婚姻届を提出し、それが受理されるといった一連の儀礼である。そしてこれがフルセットの結婚として一般にはイメージされやすいだろう。だが前記のいくつかが欠けていても当の本人が「結婚」だといえば、それを聞いた人がよほど頑固でなければ、現代では「そういう結婚もあるよね」といった反応を示すだろう。それどころかすべてがなくとも「結婚」だといえば、「そういう結婚もあるよね」といった返答が得られるかもしれない。つまり結婚はイメージされる儀礼をすべてこなさなくとも成立できてしまうのである。

また結婚の目的やメリットについては、恋愛の成就に始まり、精神や経済的な安定、子どもを迎えること、老後の備え等々をよく耳にする。これらのうちのいくつを目的やメリットとみなし、それぞれの比重をどうおくかは個々人によって異なるが、それぞれ「そういう結婚もあるよね」となりそうである。

つまり「結婚だ」と表明すれば、よほどの何かが明らかにされない限り「そういう結婚もあるよね」となるのが現在であり、さらにその「よほどの何か」の数や度合いが減少の一途を遂げている観がある。そして「一般的な結婚のイメージ」の形骸化は現在進行形の状況だといえる。

この「一般的な結婚のイメージ」は、日本において多くの人がライフコースの中であたりまえのように結婚するだろうと予期し、そして実際に結婚していた時期、すなわち皆婚社会が出現した時期に形成された。

(2)「皆婚社会」の成立

歴史を辿ると日本で皆婚社会といえる時期は、それほど長くはない。正岡寛司によると、三一〜

表　性別、50 歳時の未婚割合、有配偶割合、死別割合および離別割合
(1920 ～ 2020 年)

年次	男				女			
	未婚	有配偶	死別	離別	未婚	有配偶	死別	離別
1920	2.17	88.30	7.22	2.31	1.80	74.75	20.57	2.88
1930	1.68	88.96	7.42	1.94	1.48	75.18	20.85	2.50
1940	1.75	89.76	8.49		1.47	75.75	22.78	
1950	1.45	91.96	5.34	1.24	1.35	75.20	21.30	2.15
1960	1.26	94.64	2.60	1.50	1.88	75.01	19.96	3.15
1970	1.70	95.38	1.47	1.45	3.33	78.79	13.84	4.04
1980	2.60	94.17	1.28	1.95	4.45	84.71	6.97	3.87
1990	5.57	89.91	1.14	3.38	4.33	85.65	4.93	5.09
2000	12.57	81.78	0.96	4.69	5.82	83.67	3.29	7.21
2010	20.14	73.17	0.67	6.03	10.61	77.70	2.37	9.32
2015 *	24.77	68.03	0.57	6.63	14.89	72.78	1.90	10.43
2020 *	28.25	64.75	0.50	6.50	17.81	70.07	1.49	10.64

総務省統計局『国勢調査報告』により算出、45 ～ 49 歳と 50 ～ 54 歳における割合の平均値。

*配偶者関係不詳補完結果に基づく。

出典：人口統計資料集（2022）表 6-23 より（https://www.ipss.go.jp/syoushika/tohkei/Popular/P_Detail2022.asp?fname=T06-23.htm）

三五歳男性の江戸時代中期における有配偶率は七〇％前後（一六八〇年＝七三・一％、一七二〇年＝六八・三％）であり、三〇〜三四歳男性の大正期（一九二〇〔大正九〕年）の有配偶率は八七・六％、戦後まもなくの時期（一九五〇〔昭和二十五〕年）に九〇・一％に到達し、同時期の四〇〜四四歳男性では九五・〇％であったという。女性は戦後まもなくの時期、三〇〜三四歳が八三・三％、四〇〜四四歳が八二・一％であり、この低さは戦争の影響によるものではないかと正岡は推察している［正岡 1994: 46］。有配偶率とは「その時点で配偶者がいる者の割合」であり、五〇歳時の未婚割合は「五〇歳になるまでに一度も結婚を経験してない者の割合」であるから、同じことを指し

てはいない。ちなみに一九五〇年の五〇歳時の未婚割合は男性が一・四五%、女性が一・三五%である［内閣府サイト 1997］。この有配偶率と五〇歳時の未婚割合の大きな乖離は、やはり戦時中、多くの男性が兵士となり命を犠牲にした事実を考慮に入れるべきであろう。

有配偶率から正岡は、「日本社会が第二次世界大戦後において『皆婚社会』に突入した」との見解を示す。そして正岡はこの「皆婚社会」について以下のように説明する。

「おそらくその社会は、一方において、だれでも結婚しようと思えば、そのチャンスを摑むことができる平準化した社会といえるだろうし、また他方では、結婚をしないでいる成人の状態が逸脱行動とみなされる結婚強制の社会であるかもしれない。」［正岡 前掲：46］

この「結婚強制の社会」は「結婚規範」といった言葉で捉え方もできる。戦後の高度経済成長期を通じて、日本社会は「結婚をすることがあたりまえ」という結婚規範を生成し強化したのである。

しかしながら、皆婚社会の成立とほぼ同時期に男性の有配偶率は下降しはじめ、男性よりだいぶ遅れて一九九〇年にピークに到達した女性の有配偶率もそれ以降、下降するようになった。五〇歳時の未婚割合に関しては一九七〇年には男性一・七〇%／女性三・三三%、一九八〇年には男性二・六〇%／女性四・四五%となり、数字から見る皆婚社会は少しずつ色彩を失っていくものの、一九八〇年代までは結婚規範は維持されたままであったと推測される。

その後、五〇歳時の未婚割合は一九九〇年に男性五・五七%／女性四・三三%へと上昇し、また男性の割合が女性よりも高いという特徴を見せはじめる。一九九〇年には合計特殊出生率の低下が改めて確認され、子どもは結婚した男女の間に産まれるべきだとする嫡出子規範と結婚規範があいまって「未婚化・晩婚化・非婚化」が声高に叫ばれるようになった。五年後の一九九五年には男性九・〇七％／女性五・一八％と男女差はより拡大し、その後も割合の上昇と性別差の拡大が継続した結果、二〇二〇年には男性二八・二五％／女性一七・八一％となった。現時点での厚労省の予測としては、この上昇傾向はまだまだ続くようである。

(3) 形骸化する「皆婚社会」

二つのステップにおける日本社会の変化を示してみよう。

一つめのステップには一九六〇年代後半以降、支配的な結婚形態が入れ替わった、すなわち見合い結婚よりも恋愛結婚が増えたことが挙げられる。恋愛結婚が支配的な結婚形態となったことについて、正岡は「結婚という出来事が確実に個人水準での出来事としての意味合いを強めてきたことの証左」であり、すなわち「結婚の個人化」であるとの解釈を示した。これによりお見合い結婚では他者がしてくれた配偶者選びを、当の本人が担うといったコストの増大が生じた。そしてなによりも恋愛を配偶者選びの基準に据えた場合、お見合いよりも成婚の可能性が下がり、有配偶率の低下に関与していると述べる。また結婚の個人化は「結婚慣行が持ち続けてきた伝統的な束縛からの一つの解放」と裏表の関係にあると正岡は推測している［正岡同前：47-48］。伝統的な束縛とは、お見合いの世話をしてくれるような血縁的・地縁的結びつきが含まれると考えられるだろう。同時に血縁や地縁に基づく結婚は、前近代においてはイエの存続や繁栄と不可分であったが、近代以降はこれが縮小され、お見合い結婚は「よい家庭を築くこと」の土台となり、よい家庭を基盤として親族や地域社会に貢献することが期待されていたと考えられる。

二つめのステップである、一九九五年以降に見られる五〇歳時の未婚割合の、とりわけ男性の急激な上昇の主な要因については、二〇一五年に国立社会保障・人口問題研究所によって実施された「第一五回出生動向基本調査」の結果を示すことが通例化しており、本章でもこれを示す。調査の結果によると、調査時一八歳以上三五歳未満であり結婚意思のある未婚者が、一年以内に結婚することを考えた場合の障害として選択した最上位は、男女ともに「結婚資金」であった。他にも「結婚のための住居」が上位に位置するなど、懐事情が結婚へのハードルを上げていることが明らかにされた。一九九〇年までの「結婚の個人化」の進行に加え、バブル経済の崩壊と景気の後退、それによって出現した、非正規雇用者の増大に代表される雇用の悪化、正規雇用・非正規雇用を問わない所得の低下が重なり、これが長期化したことによって「結婚したくてもできない」人々が増加したと考えられる。思い起こしてみれば現在の「婚活パーティ」以前に開催されていた「ねるとんパーティ」「お見合いパーティ」といったイベントが開催されるようになったのもこの頃からではなかっただろうか。そしてこの手のイベントは、結婚の個人化によって出会いから成婚までの大きなコストが課せられた未婚者たちが、かつてお見合いをセッティングしてくれた縁者の代わりにイベント開催者にコストの負担をお金を使って消費者の立場で依頼するイベントだとも考えられる。

一九九〇年以降のバブル経済崩壊を機にして始まったさまざまな社会の変化は以上のように結婚規範に浴し、結婚を望みながらもできない人々を大量に生み出したといえる。その中には結婚をあきらめる人々が、とりわけ男性において増加したのではないかといった疑いもある。これは出生動向基本調査は五年に一度実施されるが、未婚者の一年以内の結婚意思は、女性は一九八七年以降八〇％前後を維持しているものの、男性は一九八七年・一九九二年と八〇％代前半であったが九七年には七六・六％と下降し、その後二〇一五年に至るまで七〇％前後を行き来しているという結果からの疑いである。これは社会の目標として男女平等が標榜されながらも、実態としては結婚後の主たる稼ぎ手は男性であるという状況をふまえると、結婚後の生活を自らの所得では（仮に配偶者に所得があったとしても）家計を賄えないという自覚が生じてるのではないかとの憶測を生み出す。

以上をまとめると、戦後の「皆婚社会」成立とともに「結婚規範」が出現し、その後恋愛結婚の主流化によって皆婚社会自体は徐々に薄らいでいったものの、一九八〇年代までは結婚規範は存続し続けたといえる。その後バブル経済崩壊と景気後退が起こり、八〇年代までと同様の結婚や家庭の構築が困難な状況になってもなお、結婚を求める心性が根強く存在することは、少し距離をとって見ると異様にも見える。「非婚」の構成員には、この異様さから離脱した人々も含まれると考えてもよいだろう。よって皆婚社会が残像のように薄らいでいく中で、結婚規範を内在し続ける者、すなわち「結婚の純粋化」を求める者と、結婚規範から離脱する者、すなわち「結婚の無効化」へとあらたな生き方を探求する者が明確な形で登場したといえる。

3　「結婚の権利」要求における二つの潮流

一九九〇年以降、五〇歳時の未婚割合の上昇が問題化され、皆婚社会の残像化が人々に認識されてくるとともに、「結婚の権利」を求める声が顕在化してきた。「結婚の純粋化」の登場である。

この声はいうまでもなく、日本国憲法第二四条において婚姻の権利と自由が国民に保証されているにもかかわらず、「望みながらもそれができない。けれどもあきらめられない」人々から挙がったものである。

この声は主に二つの土俵から発せられたと筆者は捉えている。一つは「もてない男」に象徴されるような、恋愛や結婚に困難を覚える者からの要求であり、もう一つは「同性愛者の中で結婚を希望する者たち」からの要求である。

(1) 権利行使ができない人々としての「もてない男」

一つめの「もてない男」とは、比較文学者小谷野敦が一九九〇年に刊行した『もてない男――恋愛論を超えて』のタイトルをルーツとする［小谷野 1999］。

われわれの社会において、恋愛や結婚は一対一でするものとの規範がある。しかしながら恋愛とは感情であり、出会いから恋愛関係の成立、さらに結婚へと進むまでに、いずれかの感情の変化が起っても不思議はない。そして万人が恋愛に成功する方法や法則などは存在しないゆえに、「個々人は随時に恋愛市場に参入し、一見完全自由競争市場とは思われるものの、実は全くの不完全市場に乗り出すことになる。その結果はきわめて不確実」であり、コストの上限の見極めがつけにくいのだ［正岡前掲：48］。

見合い結婚から恋愛結婚へと、結婚の支配的な形態が移行したとき、恋愛に関する個人の才覚が結婚の成否にかかわるものとなったのである。とはいえ恋愛の才覚の有無に関係なく結婚に辿りつく術がないわけではないこともたしかだ。それは、お見合い結婚の目標として定められた「よい家庭を築くこと」の実現可能性をアピールすることである。不足した恋愛感情と恋愛関係を補うには、よい家庭を築く可能性を高めそれを示し、相手から評価されることが必要となる。性別役割分業が未だ強固な日本社会において、グローバルレベルではすでに古色蒼然と化した性別役割を上手に遂行することが、恋愛下手な者にとって結婚に辿りつく術の有力な候補となる。ところが女性がこれを上手に遂行できるかをあらかじめ見極めることは難しい。家事や育児といったアンペイドワークは、日々絶え間なく行なうことが求められるが、前者はその場凌ぎが可能でもあるし、後者に至っては実際に子どもを迎えてみないと評価できないし、そもそも育児の成功とはどのようなものなのか定かですらないのである。一方の男性はといえば、評価がきわめて容易である。職業や雇用形態、年収などが評価基準となるからである。むろんここでは、男性の方が不利であるとかかわいそうだといった主張を含める意図はない。これについては一筋縄ではいかない事柄であるから、別途、稿を設ける必要がある。

バブル経済の崩壊と景気後退にあたっての雇用や所得の変化は、まずもって女性の非正規雇用化と低賃金化が指摘される。ただ正規雇用者の所得の下降や男性の非正規雇用化も伴っている。恋愛下手な者が男性であった場合、景気後退は恋愛以外の術さえ奪われかねない大きな危機なのである。景気の改善か、あるいはジェンダーギャップの改善が実現すれば、とりわけ男性の五〇歳時の未婚割合は減少するかもしれない。だがどちらの改善もさして認められぬまま今日に至っており、結婚規範がそれなりに維持されつつも五〇歳時の未婚割合は上昇し続けているのだ。これが一つめの結婚を「望みながらもそれができない」層である。むろん、「望みながらもそれができない。だからあきらめた」層もおり、これは「結婚の無効化」へとシフトした層だといえるだろう。

(2) 基本的人権としての結婚――同姓婚の要求

もう一つは、いわゆる日本が国として「同性婚」を拒絶している実態への抗議と権利要求の動きである。同性婚を求める動きは周知のように海外で出現し、それが日本に流入してきた。だが日本国憲法第二四条は同性間の婚姻に関しての言及がなく、これを根拠に日本では現時点で同性婚は成立していない。

同性愛者による結婚の権利獲得運動の出現にあたっては、何人かの論者がレズビアンの出産とゲイ男性のＨＩＶ／ＡＩＤＳ禍が起点となると述べている。少し具体的に示すと、レズビアンにおいては一九七〇年代に出産ラッシュが見られ、出産をしなかったパートナーの方には親権が付与さず、これが生活上の高いハードルになるというものである。そしてゲイ男性については、一九八〇年代に新種の死に至る病として登場したＨＩＶ／ＡＩＤＳ禍に関連付けられる。ＡＩＤＳを発症したパートナーへの面会や臨終の立ち合いができず、死後の遺産相続も叶わず住居を追い出されるといった事態が頻発したのだ。これらは結婚制度があれば防げる事態であると理解され、ここから同性婚の権利が要求されるに至ったというのである［風間 2003: 35］。これらの出来事から同性愛者たちが強く認識したのは、結婚制度にパッケージ化されたさまざまな権利と義務である。

だが海外における同性婚は、すぐには実現しなかったこともまた周知の通りである。同性婚成立以前には、結婚ではない同性愛者用の制度が別建てで作られたのである。その嚆矢として一九八九年にデンマークで「登録パートナーシップ法」が施行され、これと類似の制度が北欧から欧米へと広がっていった。結婚制度が同性間にも適用されるようになったのは、二〇〇一年になってからで、オランダで世界で初めて可能となったのである。そして同性婚もまたヨーロッパを起点としてアメリカ大陸へと広がっていったのである。

ただし同性婚によって獲得される権利や義務自体は生活面での実利に関するものであり、「登録パートナーシップ法」のような結婚とは別制度の構築とその充実によって結婚と等しい権利と義務の獲得は可能であろう。それにもかかわらず、なぜ「結婚」に拘ったのであろうか。これには基本的人権のなかに結婚の権利が含まれるとする考えがもととなっている。「結婚の自由」というスローガンは、生活面で実利の上にレイヤーとして被さっていると考えられる。そして基本的人権としての「結婚の自由」を求める社会運動は、奴隷解放の歴史と連なっている。

これについてはアメリカの歴史学者、ジョージ・チョーンシーの『同性婚——ゲイの権利をめぐるアメリカ現代史』にこの経緯が示されているので以下に簡潔に要約しよう［Chauncey 2004=2006: 99-106］。チョーンシーによれば植民地時代のアメリカの結婚概念からすでに、結婚の自由は基本的市民権だとの信念がそもそも内在していたという。ところが奴隷制施行当時、「そもそも奴隷という身分はいかなる権利を結ぶ権利も与えられておらず、また配偶者に対する義務が主人に対する義務と矛盾する可能性を孕んでいるため、奴隷は結婚の権利を持たなかった」のである。「それでも多くの奴隷は非公式に結婚」していたが、これは法に基づく結婚ではないため、奴隷の主人の意思次第でいつでも蹂躙可能であった。そして「南北戦争の終結後、新たに自由民となった解放奴隷たちは」「解放奴隷局に押し寄せ、自分たちの結婚の誓いに法的な承認と保護を求めた」という。「結婚し家族を守る自由は、解放奴隷たちが求めた諸自由のなかで最も明白なものであり」、「自由な市民になったことを個々人に実感させた、最も象徴的な権利でもあった」とチョーンシーは述べている。

以上のように、基本的人権として結婚の自由を求める運動は奴隷解放運動がルーツとなっている。アメリカにおいてはまず黒人解放奴隷間における結婚の権利の獲得＝基本的市民権の証明から始まり、続いて白人と黒人といった異人種間の結婚禁止撤廃への動きが起こった。かつて異人種間の結婚は忌むべきこととする風潮があったのである。

この異人種間の結婚禁止撤廃を後ろ押ししたのは、第二次世界大戦中のナチスドイツによる法律でのユダヤ人と非ユダヤ人間の結婚禁止への反発であった。「一九四八年の国連総会では結婚する権利を人類の基本的権利のひとつと謳う国連人権憲章が満場一致で採択され」、それからだいぶ時間は流れ、一九年後の一九六七年にアメリカの連邦最高裁は人種の異なる相手との結婚を承認した。その後、アメリカの連邦最高裁はこの自由の適用範囲をさらに拡張していき、二一世紀に入ってレズビアンやゲイ男性へと到達することとなる。

アメリカに見られた人種から性的指向性へといった権利拡張の方向性は、日本に住むわれわれにとってなじみにくい感覚かもしれない。そのなじみにくさ、チョーンシーの「大半のアメリカ人は、自分の子どもや親族、友人、そして同じ信仰を持つ仲間が、結婚相手を自由に――たとえそれが自分にとっては不快感や苦悩を与える選択だったとしても――選ぶことを認めるようになった」という説明の地平を立脚点にすればよいだろう。

この経緯から「結婚の自由」は人類の基本的権利の一つとして国連人権憲章にまで定められており、結婚の自由の欠落は人類として承認されていないも同然だとする論理が同性婚を求める人々から導き出されるようになる。

アメリカの経緯から教示されることの一つとして、人々の意識や考え、行動、制度といったものは、「いつのまにか」変化していることが挙げられよう。特定の時点までは禁止され厳罰に処される事柄が、なにかのきっかけによりやがて承認され、禁止や処罰が解除されてしまうのである。そしてその承認の論理の一部が他へも流用され、やがて他の事柄にさえも大きな変化をもたらすのである。その結果特定の時点までは規範として認識されていた事柄が、必ずしもそうとはいえないものとして認識されるようになるのである。

具体的にいうならば、そもそもとりわけナチスドイツが禁止の対象としたかったのは、ゲルマン人とユダヤ人との結婚と考えられる。どちらも白人同士であるから禁止したのは人種間はなく、分類としては人種からさらに細分化された民族間の結婚であった。これが機となり結婚する権利が「人類の基本的権利のひとつ」として採択されたのである。とはいえ、一九四八年時の国連加盟国のほとんどは白人が統治する国々だったことから異人種間の結婚を想定していなかった可能性も否めない。日本国憲法制定時に、異性間の結婚だけを想定していたように。

この国連の満場一致の採択は、ナチスドイツが非人道的な大量虐殺を行なった枢軸国であることと無関係ではなかったと推測できる。なぜならばユダヤ人差別はナチスドイツの専売特許ではないからである。よって異人種間の結婚禁止承認の加速は、偶発的であった可能性は否めない。そして仮に結婚の自由が人類の基本的権利であるとするならば、論理的には異人種間の結婚が承認された時と同時に同性婚の承認があって当然である。前述の通り世界初の同性婚は二〇〇一年に施行されたのであるから、「当時、同性間の結婚は想定されていなかった。時代は変化したのだ」という、日本の同性婚訴訟に見られる論理が適用可能だろう。

日本において同性婚が認められていないのは、換言すると同性二名が記入した婚姻届が受理されないのは、日本国憲法第二四条の「婚姻は、両性の合意のみに基いて成立し、夫婦が同等の権利を有することを基本として、相互の協力により、維持されなければならない。」に抵触するからというのが通説である。「両性」とは異なった性別を含意し、また「夫婦」とは男女のことを指しているため、同性同士の結婚は認められないのだと。

この通説に対する反論が、前記の「当時、同性間の結婚は想定されていなかった。時代は変化したのだ」なのである。戦後の性的少数者をめぐる状況が大きく変化したことは歴史的事実であるから、単なる推測以上の説得力があるといえる。

（３）人権から結婚を剥がすと人権が守られる？

結婚自体、憲法制定時のそれと現在のそれを等号で捉えることはできない。日本国憲法の施行は一九四七年、前節で述べたように日本の皆婚社会の成立はだいたい一九五〇年頃であり、今日至るまでの大きな社会の変化とともに結婚もまた大きく変化したのである。

かつての皆婚社会とは異なり、結婚の自由を権利として有することと、権利を行使できるかについては大きな距離がある。前節の五〇歳時の未婚割合の上昇などは、まさにその距離を示す実例だといえる。そして結婚の自由の権利を持ちつつもその権利を行使できない人々にとって、婚姻制度は不自由をもたらすものとなるだろう。同性婚の成立は、結婚の権利をもちつつも権利行使ができない人々への処方箋とはならない。同性婚獲得を目指す人々からは、結婚の権利を行使する者としない者のどちらもが制度から与る恩恵については等しくなくてはならないといった発想を探し出すことは困難である。

そして個人化が徹底化されつつある現在の社会において検討されなくてはならないのは、婚姻制度による恩恵自体をなくし、これを個人に配分することではないだろうか。

フランスで一九九九年に制定されたＰＡＣＳを、本章では例に挙げてこれを検討したい。

ＰＡＣＳは、同性愛者からは同性婚獲得までの暫定的な制度だと理解されがちである。しかしながらここでＰＡＣＳの特長として注目したいのは、同性間のみならず異性間もまた、つまり性別を問わずＰＡＣＳを利用できる点である。結婚制度を有しつつ別建てでカップル関係を制度的に保障するものとしては、一九八八年に施行されたスウェーデンのサムボ法も挙げられるが、これは異性間のみに適用される制度であり、同性間に対しての制度である「パートナーシップ登録法」は一九九五年施行である。

異性間カップル関係に対して、婚姻制度を構えながらもあえて別建てで制度を構築したのは、「結婚の権利を有するが、権利の行使は回避したい。とはいえ何らかの制度保障は必要だ」とする人々のニーズを政府が汲み取ったからだと考えられる。そしてＰＡＣＳもサムボ法もとくに重きをおいているのは、経済的側面である。たとえば、フランス政府のＰＡＣＳ説明サイトでは、「ＰＡＣＳは、特定の社会的給付、あなたの財産、家、税金に影響を与えます。ただし、お名前やお子様との関係には影響ありません」との文言がある。一方のサムボ法には冒頭の第一条に「この法律は内縁関係にある者の共用住宅及び共用家財に適用される」と法の範囲を定めている。

またＰＡＣＳもサムボ法もその効用として、合計特殊出生率の回復が例示されることが多い。だが両制度がまずもって明言するのは経済面の制度保障であるし、ＰＡＣＳにいたっては「お子様との関係には影響ありません」とまで明言している。むしろ両方とも経済以外の側面について積極的に立ち入らないようにしているかのようにも見える。経済面が前面に押し出された制度であるにもかかわらず合計特殊出生率が回復した事実は、少子化に懊悩する国々においては学ぶ点が多々あると考えられる。

そしてサムボ法と異なり、施行当初から性別を問わないPACSは、理念的に性愛関係に基づかない一対一の関係、つまり友人同士でも契約締結が可能であり、他の結婚やパートナーシップ制度とは異なる特色を有していた点は、実に興味深い。これはフランス革命の際に掲げられた「自由、平等、友愛」の精神が今日もなお継承されているのだろう。つまり、「結婚」を懸命に人権の内に含めようとする必要がないという動きを読みとることもできるのである。

4　「結婚の無効化」と個人化の展開

前節でPACSやサンボ法の成立には、異性間において「結婚の権利を有するが、権利の行使は回避したい。とはいえ何らかの制度保障は必要だ」とのニーズがあったと解釈した。

結婚権利の行使回避の観点から結婚とPACSを見比べると、結婚は解消にあたって協議や裁判が必要であることに対し、PACSは「パートナーの一方的意思のみによってもPACSは解消される」といった相違があり、これは大きな利点だと考えられる［田中 2010: 190］。

日本では離婚の際、配偶者間の話し合いなどの協議離婚が一般的であり、これが不成立となると裁判に至るが、欧米では離婚にあたって協議はなく基本的に裁判のみである。ところがPACSは協議も裁判も不要であり、契約解消を望む方が一方的に解消できるのだ。

離婚手続き時の煩雑さは、結婚によって二人の人間は一つのユニットを形成し、それが永続的に継続するとの前提があるからであろう。この煩雑さは場合によって時間やお金、気持ちなどのコストを多く要求する。恋愛という移ろいやすい感情によって形成された紐帯は、何度も言及した通り脆弱である。脆弱な関係の解消にあたってのこのコストを想定すると、個人にとって割に合わない、合理的ではないと考えることは決して不思議ではない。それに対してPACSはユニット単位での捉え方を拒絶し、個人の利害の優先を保障するのである。

PACSのもつ契約解消の仕組みから想起させられるのは、イギリスの社会学者アンソニー・ギデンズが提唱した「純粋な関係性」である。純粋な関係性とは、「社会関係を結ぶというそれだけの目的のために、つまり、互いに相手との結びつきを保つことから得られるもののために社会関係を結び、さらに互いに相手との結びつきを続けたいと思う十分な満足感を互いの関係が生み出していると見なす限りにおいて関係を続けていく、そうした状況を指している」との定義がギデンズによって与えられているが、PACS解消にあたってのルールは、ギデンズのいう「純粋な関係性」の理念と方向を一にしているといえる［Giddens 1992=1995: 90］。

PACSは結婚よりも新しい制度であるだけに、恋愛による結びつきの脆弱さを鑑みつつ、同時にカップルの性別を問わず、さらには友愛まで含めた人々の多様な関係をギデンズの「純粋な関係性」

の理念を現実の生活にあてはめ、経済面から保障する制度だといえるのだ。

また友人関係をも含めるＰＡＣＳは、恋愛から形成されるカップルの特権化に対する批判と、恋愛以外から形成される人々の関係への着目および尊重といった、まさに市民の連帯といった言葉に沿った制度だといえる。その人が何者であっても、二人の関係がどのようなものであっても連帯を契約の形に表し、それを制度が保障するといった仕組みは、すべての人に開かれより基本的人権に適った制度だとの評価も可能であろう。近年、性的少数者のカテゴリーとして顕在化したアセクシュアルやアロマンティック等々、アイデンティティの多様性をも包摂する制度なのである。またＳＯＧＩ（性的指向と性同一性）の側面だけではなく、さまざまな理由により結婚しなかった人が信頼できる人とＰＡＣＳを利用することは、その人の人生を豊かにするだろう。

とはいえ、どうしても疑問が生じてしまう。それは「なぜ、その相手は一人でなくてはならないのだろう」や「自分が獲得した資産を思うままに自由に譲渡できないのだろう」という疑問であり、代表的例としては前者は日々の生活において、後者は死後の相続において発生する。

前者については、前掲のギデンズについてもあてはまる。なぜギデンズは異性愛のカップルを議論の中心に据えたのだろう、今後の親密な関係を検討するにあたって同性愛者のなかでもカップル関係にばかり注目して議論を進めたのだろうと。ギデンズの議論から異性愛規範（ヘテロノーマティヴィティ）を探し出すことは容易い。

同性婚の要求が行なわれる以前、同性愛者が構築してきた関係において何度となく言及されてきたのは、二者に収斂しない親密な関係のありかたである。それは同性愛者らが「家族」という言葉の使用法の変遷を確認するとわかる。

たとえばパット・カリフィアは『パブリック・セックス』において、「七〇年代から八〇年代までは、『ゲイ・ファミリー』は明らかにひとつのコミュニティだった。そこには、一人が傷ついたらみんなが傷ついたことになるという、強烈な同胞意識が働いていた」と描写している［Califia 1994=1998:9］。

また英語圏における性的少数者の関係に関する研究からは、キャス・ウェストンが『ファミリーズ・ウィ・チューズ』で著したような、核家族の形態をもたない、そして定位家族のように所与のものではない個人の選択による、ネットワーク状の選り抜き家族が示されるなどした［Weston,1991］。このネットワーク状の選り抜き家族とは、ある性的少数者にとっての「家族」が現在の交際相手や友人、以前の交際相手、場合によっては定位家族も含まれるようなメンバー構成となる。たとえば交際相手との関係が解消されたあともなお「家族」として留まり、新たに交際相手ができればその交際相手も加わるといったような、そしてときおり何らかの事情でメンバーが脱退するような、随時構成員が変更されるものである。そして交際相手の選り抜き家族は、当然自分の選り抜き家族と必ずしも重ならず、構成員の入れ替わりはあるものの、「誰が家族であるか」についての選択は自らにある。よって、仮にAとBといった人物がカップル関係を形成していても、Aにとっての家族とBにとっての家族は同一ではなく異なっていて当然なのである。

カリフィアやウェストンの記述からは、仮に交際相手がいたとしてもいなかったとしても、「家族」

という言葉を用いたつながりが形成されているありさまがうかがわれる。そしてつながりの成員は、他からの侵害を受けずその言葉を用いた人物によって決定されるのである。「わたしにとっての」家族であり、個人主義が徹底された上で境界線の劃定が行なわれるのである。

このような形態を現代の人々の親密な関係にあてはめて、「親密圏」のアイデアを改めて提示したのが齋藤純一である［齋藤 2003］。だが親密圏という言葉によってまず想起されるのは、一九六二年に原著が公刊されたユルゲン・ハーバーマスの『公共性の構造転換』であろう［Habermas 1990=1994］。

ハーバーマスの議論によると、前近代と近代のあり方は大きく異なり、今日わたしたちが認識するような「公／私」といった領域の二分化は行なわれていなかったという。近代においてわたしたちは主に賃金労働の場を「公」、そして主に家事労働や子育てをする場を「私」として認識している。しかしながら前近代の封建的身分制度下においてこの二分化は行なわれていなかった。身分は同時に職業を伴い、それは先祖代々子々孫々と継承されていくものであり、近代家族の特徴に見られる「男は公共領域・女は家内領域という性別分業」は見られなかった。この名残は現代にも見られ、たとえば飲食店や宿泊業、相撲部屋などで呼び習わされる「おかみさん」というポジションがそれに該当するだろう。

近代という時代区分は、封建的な身分制度の崩壊と産業革命からの工業化社会の出現などが基準としてよく示されるが、これによって近代家族の特徴に上げられる「男は公共領域・女は家内領域という性別分業」が生じたのである。ハーバーマスはこの時代の変化によって、家族には親密圏だけが残されたといった解釈を示したのである。よって一九六二年当時のハーバーマスの認識では家族と親密圏は等号で結びつけられていたのである。

この親密圏の用語を継承しつつ現況をふまえて、親密圏の再検討を行なったのが齋藤である。齋藤は、「互いの生を支援し合うキンシップ（kinship）は、グループホームや自助集団などに見られるように、家族という枠を超えてさまざまなかたちをとりはじめている」といったように、家族はさまざまに形成されいている親密圏のうちの一つにしか過ぎないといった見解を示した［齋藤 前掲：v］。

ＰＡＣＳは「その人が何者であっても、二人の関係がどのようなものであっても」連帯可能な制度であるが、より現況に即した齋藤の考えを積極的に受け入れるならば、「それらの人が何者であっても、何人であっても、その関係がどのようなものであっても」となる。齋藤による「親密圏」の再検討からも、およそ二〇年の時間が経過していることから、ますます個人化は進行し、同時に個人を起点とした三人以上の人々からなるつながりはいたるところで生じていると考えられる。このようなつながりに対しても少なくとも経済面については制度として国家が保障することこそが二一世紀における人権擁護だといえるだろう。

5 結婚よ、さようなら

結婚制度を手にすることによって、日本で得られる恩恵とはどのようなものがあるのだろうか。むろん民法には婚姻による権利と義務が示されているものが、ここではあえて「同性婚（婚姻の平等）を実現させるために設立された」『公益社団法人 Marriage For All Japan ―結婚の自由をすべての人に』のサイト（https://www.marriageforall.jp）に示されている項目を紹介したい。

サイトの「同性婚ができなくて困ること」として挙げられているのは、「結婚していないと認められないこと」として「相続できない！　家を追いだされる!?」、「同じ国で暮らす　資格をもらえない」、「命にかかわるような時　そばにいられない」、「子どもを育てていても　赤の他人になる」といった四つのケースである。

ページのその下には、「法律婚・事実婚（異性間）・同性カップルの比較」の表が掲載されている。ただこの表は意地が悪いと言われるかもしれないが、都合が悪いことについての言及を探すことが難しい。たとえば民法では結婚した場合、二人の氏をどちらかのものに揃えなくてはならないが、これについては掲載がない。女性にのみ課せられている再婚禁止期間についても同様である。また子どもについての嫡出推定について同性間の場合どのように捉えるのかも明示されていない等である。

もちろん、同性婚についての問題関心をあまりもっていない人々に対する啓発の意味が含まれていると捉えることはできる。だが異性間のみに許可されている結婚制度において現在指摘されている論争的な項目、異性間に向けた現行の婚姻制度がもつ瑕疵を等閑にしてしまっては、公平公正を欠くといった批判を招きよせてしまうだろう。

そして重要なことは、ＳＯＧＩがなんであろうと結婚制度を用いないと得られない恩恵があるという厳然たる事実である。

たとえば「同性婚ができなくて困ること」には「同じ国で暮らす　資格をもらえない」といった項目がある。よく知られているように、外国への移住は個人レベルで行なうには、国によって異なるが、職能などの条件が求められ、ハードルが高い場合が多い。それにもかかわらず、移住先の国の国籍を有している人と結婚するとこのハードルがいきなりかなり下がってしまう。

続いて「法律婚・事実婚（異性間）・同性カップルの比較」の表の扶養の義務は、扶養者・被扶養者関係があると、税金の控除や各種社会保険において、経済的負担が大きく減少する恩恵がある。財産面については、相続の際の優遇も見逃せない。

結婚していない者にとってこれらの恩恵がないと同時に、項目によっては結婚により恩恵に与っている者の恩恵の分を、結婚していない者が負担していることさえある。医療にかかる際の健康保険、介護が必要になった際の介護保険などは、扶養者のみが保険料を支払い、被扶養者は免除される。保険料を支払っていない者の分は、被扶養者を抱えていない者も支払っているといえる。

また日々の生活に目を向けてみると、家事といったアンペイドワークは独居よりも二人（あるいは二人以上）の方がコストパフォーマンスが高く、各自の生活時間に余裕をもたらすことだろう。生活家電にかかるコストも低い。ライフラインや賃貸住宅に居住する際の金額負担も少ない。さまざまな項目において二人以上で暮らすよりも一人で暮らす方が負担が大きいのだ。

多くの論者がすでに言及していることだが、簡潔にいえば、一人で生活するということは、すべて自分で賄うと同時に、他人のコストの負担まで強要されるのだ。

結婚規範に埋没する者は、このような不平等の解消の策として「だから結婚をすればよいのだ」と耳元で囁くかもしれない。だがこのような囁きは倫理的な問題を孕むと同時に明らかなミスであろう。倫理的な問題とは、いうまでもなく結婚の目的に生活上のコスト削減を掲げることである。一方はコスト削減を目的に、一方は恋愛の成就を目的に結婚することが倫理に適っているとは言い難い。また「契約結婚」であっても、契約結婚もまたそれができる者とできない者がいると考えた際に、両者の間に不平等を生み出す。と同時に経済的コスト削減を目的とした他者との生活の営みは、精神的負担を抱えるリスクを伴う。経済的コスト削減のために精神的負担のリスク抱えるとしたら、解消策とは言いがたい。この囁きは明らかに誤っている。

ならばどうすればよいのか。

すでに確認してきたように、答えはきわめてシンプルである。個人を起点とする個人単位の制度を構築すればよいのだ。

そしてフランスのＰＡＣＳで見たように、一方的な契約解消が可能である制度である。ただＰＡＣＳのように契約を二者間に限定する必要はない。三人以上の人々との契約も可能にすべきであろう。二者間に限定しない複数の他者との契約は、結婚や既存のパートナーシップ制度とは異なり、恋愛の得手不得手を峻別し、得意な者に恩恵を授けることを約束しない。あるいはわたしたちが生きていく中で育むさまざまな関係において恋愛を上位に設定しない。

たとえば生涯において、何人かの人と恋愛関係を結び、すべての人と関係を解消した人物の終末期を考えてみよう。

　この人物は、今は独居で生活しているものの、かつて恋愛関係を結んだ人にも何がしかの財産を遺そうと考えている。とはいえ、長年自分の恋愛相談に乗ってくれた友人に対しても、また近くに住んでなにかと気にかけてくれる隣人にもお礼の形で何がしかの遺産を贈与したい。この人物の財産は多いわけではないが、自らが生きてきた中で得たものを、自分の人生を豊かにしてくれた人に対してお礼の形で遺したいと考えている。このような人物の意思を尊重する制度である。

　このような制度の確立は、近年話題となっているアセクシュアルやアロマンティックといった性愛関係に無関心な人々や、ポリアモリー、オープンリレーションシップといった複数の人と性愛関係を形成する人においても利用価値があるだろうし、また利用価値があるような制度にすべきである。同時に、従来の婚姻制度を利用したい人は、従来の婚姻制度と同じ契約を二者間で結べばよいのだ。わざわざ排除する必要はない。ただ結婚が有する恩恵を一度解体し、すべての人がその恩恵を自らの意思のままに使用できるようにするようにすればよいのだ。民間の生命保険会社が顧客のライフスタイルによって保険をカスタマイズできるように、他者との間の権利と義務を個人の意思でカスタマイズ可能な形にすればよいのである。

「それには多くの行政コストがかかるのではないか」といった批判的意見もあるかもしれない。これについては行政は基本的なカスタマイズの相談と申請書類の受理の役割を中心に担い、詳細な事柄については別途専門職を設けたり、法律家に委ねることによってコストの軽減が期待できるだろう。

民主主義という言葉の字面をもう一度見てみよう。

「民〔たみ〕」が「主〔あるじ〕」なのだ。

民であり主である、わたしたち一人一人の幸福の実現に少しでも近づけようと尽力し続けるのが民主主義国家であるならば、今わたしたちが経験している結婚との距離にもっと目を近づけて諮ることが、民主主義国家の義務であり存在価値である。

よって、わたしたちはみなで口を揃えてこれを唱和し、個人の幸福を他者とともに追求すべきであろう。

結婚よ、さようなら。


〈参考文献〉

風間孝 2003「同性婚のポリティクス」『家族社会学研究』14(2): 32-42.
小谷野敦 1999『もてない男――恋愛論を超えて』ちくま新書。
正岡寛司 1994「結婚のかたちと意味」『家族社会学研究』No.6, 45-52.
落合恵美子 1989『近代家族とフェミニズム』勁草書房。
齋藤純一 2003「まえがき」『親密圏のポリティクス』ナカニシヤ出版。
田中通裕 2010「〈研究ノート〉注釈・フランス家族法（５）」『法と政治』第62巻第４号、173-195.

Aries, P.,1960, *L'enfant et la vie familiale sous l'ancien régime*, Édition du Seuil.（= 1980, 杉山光信・杉山恵美子訳『〈子供〉の誕生――アンシャン・レジーム期の子供と家族生活』みすず書房）

Califia, P., 1994, *Public Sex: The Culture of Radical Sex*, Cleis Press.（= 1998, 東玲子訳『パブリック・セックス――挑発するラディカルな性』青土社）

Chauncey, G., 2004, *Why Marriage?: The history shaping today's debate over gay equality*, Basic Books.（= 2006, 上杉富之・村上隆則訳『同性婚――ゲイの権利をめぐるアメリカ現代史』明石書店）

Giddens, A., 1992, *The Transformation of Intimacy:Sexuality, Love and Eroticism in Modern Societies*, Polity Press.（= 1995, 松尾精文・松川昭子訳『親密性の変容――近代社会におけるセクシュアリティ、愛情、エロティシズム』而立書房）

Habermas, J., 1990, *Strukturwandel der Öffentlichkeit*, Suhrkamp.（= 1994, 細谷貞雄・山田正行訳『公共性の構造転換』未來社）

〈インターネット〉

国立社会保障・人口問題研究所 2022「人口統計資料集　2022年版」 https://www.ipss.go.jp/syoushika/tohkei/Popular/Popular2022.asp?chap=0

内閣府「平成９年版 高齢社会白書」 https://www8.cao.go.jp/kourei/whitepaper/w-1997/h1_3_3_4.htm

フランス政府サイト　https://www.service-public.fr/particuliers/vosdroits/F1618

菱木昭八朗「邦訳・スウェーデン家族法主要法令集」 http://www.senshu-u.ac.jp/School/horitu/researchcluster/hishiki/hishiki_db/thj0090/rex3.htm

第6章 婚姻制度の廃止か、改革か？
――パートナー関係への国家介入について

阪井裕一郎

1 さまざまな「結婚」の時代

現代社会では、従来の「標準モデル」に当てはまらない家族関係やパートナー関係が広がっており、「結婚の脱制度化」が進行していると言われる。

脱制度化とは、家族やパートナー関係が支配的な社会規範や伝統に拘束される度合いが弱まる事態を指す。その最も象徴的な現象の一つとして、婚外同居カップル（cohabitation）の増加と婚外出生率の上昇をあげることができる(1)［Cherlin 2004］。ＯＥＣＤ（OECD Family Database）によれば、二〇一八年時点の婚外出生率は、日本が二％程度であるのに対し、過半数を占める国も多く、ＥＵ平均、ＯＥＣ

D平均ともに四〇%を超える数値となっている。婚姻制度と出産・子育ての分離が確認され、カップル関係が婚姻制度という枠組みに必ずしも収まらないものとなってきているのである。

それに伴って婚姻外のパートナー関係への法整備が各国で進んできた。フランスで一九九九年に同性カップル関係の生活保障を主な目的にパックス(連帯市民協約)が施行されたことはよく知られている。この契約は、成人同士であれば、異性愛者カップルにも、さらには「性的関係にない二人」にも開かれている点で、単なる「同性パートナーシップ制度」と異なる。パックスが施行されて以降、異性間の婚姻数が減少し続ける一方、異性間のパックスは増加し続け、利用者の九割以上が異性同士となった。二〇一三年に同性婚(みんなのための結婚法 Le Mariage pour Tous)が法制化されたが、パックスは現在も存在し続けている[青山 2016]。

一方で、結婚が今なお多くの人々や社会にとって「理想」であり続けていることも指摘される。結婚の実用的な重要性が減じるなか、その象徴的な重要性はなお根強い[Cherlin 2004; Cibattari 2017]。今日でも多くのアメリカ人が子どもを育てるには「結婚こそが理想的な場所である」と信じているし、仮にもはや結婚が重要でなくなったのであれば、なぜ長きにわたって「同性婚」を求め格闘している活動家たちがいるのかを説明することはできない[Cibattari 2017: 79]。二〇〇一年のオランダでの施行を皮切りに、現在では世界三〇以上の国と地域において、同性カップルの結婚が異性カップルと全く同等の結婚として認められており、二〇一四年には、国連も人権の観点から同性婚に異性婚と同等の権利を与えるべきという声明を発表した。現在では養子縁組や生殖補助医療を通じて、多くの国でレズビアンやゲイのパートナー関係による子育ても一般的なものになっている。

こうした状況の中で、婚姻制度はどうあるべきかについてさまざまな議論が展開されてきた。差別や不平等の元凶として批判対象とされてきた婚姻制度を廃止すべきなのか。それとも、これを存続しつつ「改革」していくべきなのか。本章は、代表的な論者による婚姻制度をめぐる賛否を検討し、婚姻制度の制度的改革の可能性を検討する試みである。

2　婚姻制度を廃止すべきか

（1）婚姻制度批判——同性婚をめぐる議論を中心に

日本でも、現行の婚姻制度に対する批判は高まりつつある。選択的夫婦別姓制度や同性婚を求める世論が高まり、多様な関係性の包摂・承認をめぐる法制度の必要が訴えられている。とはいえ、多様な関係性を婚姻制度の内側に包摂しようという動向に対しては、必ずしも保守主義的・伝統主義的な立場からの批判だけではなく、リベラルな立場からの反論や疑問も突き付けられている。

例えば、選択的夫婦別姓制度については、差別的な法律婚や戸籍を補強してしまうという批判・牽制の主張が存在する［阪井 2022 を参照］。同性婚をめぐる議論もまた、同様のジレンマに直面する。同性婚については、セクシュアル・マイノリティの当事者たちや専門の研究者たちからも批判的な見解が提示される。風間孝が言うように、同性婚をめぐっては「異性愛規範に基づく近代家族制度のなかで、疎外されるだけではなく、家族形成の機会を奪われてきたレズビアン／ゲイは、家族制度の解体を主張するベクトルと家族形成の権利を要求するベクトルの間を揺れ動くこととなる」[風間 2003: 35]。

(2) 同性婚反対論――性規範と理想の家族像をめぐって

婚姻制度を存続することにはどのような問題が含まれているのか。同性婚に対する批判のなかでも、ここで取り上げるのは、婚姻制度がある種の同化政策として機能するという批判である。(2) この批判はおおよそ二つの論点を含んでいると思われる。

一つは、同性愛カップルが婚姻制度に組み込まれることによって既存の性規範が再強化され、その結果周縁化されたマイノリティの抑圧・差別が強化されてしまうという論点である。もう一つは、そもそも国家が想定する「家族の理想像」に多様な関係が組み込まれることを危険視する批判である。国家の恣意的な理想を人々に押し付けることを問題視し、個人が取り結ぶ私的な関係に国家が干渉すべきではないという指摘である。

まず一つ目の論点について、同性婚の法制化は、「セクシュアリティをめぐる階層秩序を生み出す」とされる[堀江 2010]。すなわち、「モノガミーな関係」に特権を与えることによって排除される存在があり、同性婚もまたこの排他性とは無縁ではなく「法的保護を求めることでとりこぼされていく存在を認識すること」を自覚すべきだと指摘される[堀江 2010]。森山至貴も、クィア・スタディーズの知見からは、それがたとえ特定のセクシュアル・マイノリティにとって好ましい制度でも、その他のセクシュアル・マイノリティの存在を脅かしたり、置き去りにするならば批判されなければならないと述べる［森山 2017］。「同性婚が特定のセクシュアル・マイノリティに対する差別を生まないようにするためには、少なくともそれをレズビアンやゲイ、バイセクシュアルの人々にのみ関係のある問題、とは考えないことが必要」なのである。

こうした指摘が示すように、これまで婚姻制度によって周縁化されてきたのは同性愛者だけではない。多様なセクシュアリティの当事者が抱える困難を考慮して、同性婚の実現があくまで限定的なものであることにわれわれは自覚的である必要がある。婚姻制度を「改革」するうえで、この点が等閑視されてはならない。とはいえ、婚姻制度が社会において一定の功利を持っていることを考慮するならば、婚姻制度それ自体が本質的に差別的な制度だと断定するのも性急である［大島 2015］。婚姻制度を差別的制度とみなすことから離れ、同性婚を認めることをリベラルの価値から肯定することも可能であるだろう。同性婚が限定的なものであるとしても、はたして同性カップルが婚姻制度に組み込まれることが既存の規範の再強化につながるといえるのか。それとも、同性婚の要求は従来の閉鎖的な婚姻制度に「風穴」を開けるものなのか。この点を検討する必要があるだろう。

もう一つの論点は、国家が特定の関係を承認することの妥当性である。例えば、李瑛鈴は、「国家が要求する『家族』のあり方を示す」ことを批判している。李によれば、「尊重されるべきは『関係』そのものではなく、そういう『関係』を選択した個々の人間」であり、国家によってある特定の関係性を「承認する」ことは、必然的に「峻別」を生みだし、「承認されざる者」を生む［李 2004］。この問題提起を受けて堀江はこう述べている。

国家から保護されるということは、保護に値するものとして国家によって承認されるということをも意味する。そこには〝誰が〟〝何を〟承認するのか、そもそも他者の権利を、法や国家が承認することは可能なのか、という根源的な問いも残る。国家によって承認を受ける者は、当人が無意識のうちにではあれ、その社会制度の維持を強制されることとなる。そこでは承認される者と承認されざる者との峻別装置が働く。この峻別装置の発動は、同時に、国家によって承認されない生を育む人々に対するスティグマが再生産されることと表裏一体のものでもある。〔堀江 2010: 47〕

このように、国家に保護を求めることは、絶えず国家が人々の生き方に「線引き」を持ち込むことを意味する。そこには承認する主体と承認される対象の恣意性が介在する。「承認される者」と「承認されざる者」の峻別により「国家によって承認されない生を育む人々に対するスティグマ」を再生産される危険性がはらまれているのである〔堀江 2010: 47〕。

こうした法的な婚姻制度に内在する問題点を考慮しながら、国家が特定の生き方や関係性に介入することの是非を検討する必要がある。しかし、たとえ多様性を尊重する立場をとるにしても、「個人の自由」を保障するうえで、われわれは何らかの境界線を引くこと自体を否定することはできない。境界線が排除や抑圧を生み出している一方で、われわれは境界に囲まれることで自由を保障されたり、生活を守られるなどの恩恵を受ける。われわれは境界線さえ取り除けば物事はうまくいくという前提を疑う必要もある［杉田 2015］。本稿は、こうした問題提起に対して、ある一定の関係に対して国家がインセンティブを与えることをいかにして正当化しうるかを検討したい。

(3) M・A・ファインマンの婚姻制度廃止論

「婚姻制度の廃止か改革か」を考えうるうえで、ここでは廃止論に立つファインマンの議論を確認することにしたい。ファインマンは、性関係に基づくいかなる特権も廃止すべきだという立場から法的な婚姻制度の廃止を主張する。彼女によれば、「社会で結婚に関連すると思われている目標のすべてに対し、結婚を不可欠とするのは誤り」［Finemman 2004= 2010: 114］であり、性関係の有無のみを基準に権利・義務を考慮することには合理性がない。

複数の経済財の配分という役得にあずかる家族制度を考えるとき、どうしてひとつの宗教集団の感覚から生じた道徳観や神聖な神の定めが私たちすべての選択肢と可能性を制限するのかを問う必要がある。どうして結婚が国家の援助と公的扶助を受けるために支払わなくてはならない入場料にならなければいけないのか。どうして家族を、結婚関係をつうじて定義しようとするのだろうか。［Fineman 2004=2010: 96］

さらに、「婚姻家族」の存在とそれをとりまくイデオロギーが「依存」の問題を私化し、不可視にしていることを問題視し、社会政策の中心を「婚姻家族とその性的で再生産的な関係を核とする関係」から「ケアと依存を中心にすえた関係」へ置き換えるべきだとする［Fineman 2004=2010: 103］。彼女は、既存の婚姻家族の「かたち」ではなく「機能」を注視したうえで、「母子対」に体現されるケアの担い手と依存者からなる養育家族を保護の対象単位とすべきだとする。国家が依存の問題に取り組み、ケアを確実にするには「ケアの担い手と依存者との直接的な関係」を焦点とすべきであり、結婚という間接的な方法で援助することは理にかなわないという。

同時に、あらゆる「成人間の関係」を個人同士の契約関係とし、普通法の規律にゆだねるべきであるとも述べている。これらの主張は、性的なつながり以外の親密な関係を有する世帯（友人世帯、親族世帯、成人子と高齢化した親など）の「非性的なつながり」を想定したものであり、多様なケアのユニットが「家族の地位と家族の地位に与えられるべき物質的・象徴的な報酬を欲している」可能性を考慮したものである。

本稿も、「国家が推奨し、法的に保護する特権的な性関係」を廃止すべきだというファインマンの主張に共鳴するものである。しかし、たとえ「性関係を特権化すること」を否定することが正当だとしても、「国家が推奨する法的に保護する関係」そのものを否定することはできるだろうか。この部分を腑分けして検討することが重要だと考える。

例えば、齊藤笑美子は、ファインマンと問題意識を共有しながらも、「成人間共同生活」についての法的介入の必要性がなくなるという点には疑問を呈している。現在の婚姻で認められている特権のなかには「私的自治」のみでは対応困難な要素が多くある。性関係を含むか否かに関係なく、「成人間」の経済的・精神的なつながりに基づく親密な関係を考慮する必要は残るのであり、こうした制度が「結婚」である必要はないにせよ、この親密な関係性が国家と無縁に放置されてよいというわけでもないと指摘している〔齊藤 2017〕。

以上のような婚姻制度批判を踏まえたうえで、次節ではエリザベス・ブレイクの議論を参照しながら婚姻制度を「廃止」するのではなく「改革」することの意義を論じていく。

3　婚姻制度の改革とは――E・ブレイクの「最小結婚」論

成人間のケア関係としての結婚の価値は何か。ロールズの政治的リベラリズムの枠組みに依拠して、婚姻制度を維持し改革することを提唱するのがエリザベス・ブレイクの「最小結婚」論である。ここでは、政治的リベラリズムに照らした最小結婚論の妥当性については立ち入らない。ブレイクが、成人間の非依存的なケア関係に対する法的規制には合理的根拠があると示す点に注目したい。

ブレイクの主張は、結婚と養育を切り離す点ではファインマンと同様であるが、「成人間で取り結ばれるケア関係」を「基本財」とみなす点に独自性がある。ここでのケア概念は依存的な関係のみならず、成人間の非依存的関係を含む広い概念である。ブレイクは、このようなケア関係は人がいかなる指針のもとで人生を歩む場合にも必要となる「財」であり、「善き生き方」を志向する際の力として不可欠だととらえる。婚姻制度は、こうした成人間のケア関係を支える社会的基盤であり、公共的価値を持っている。それゆえ、このケア関係の維持を可能にするための権利を国家が付与する法的枠組みとして「結婚」が必要だと主張するのである。

もちろん、ここで提唱される婚姻制度は従来のものとは大きく異なる。最小結婚の重要な批判対象となるのが「性愛規範性（amatonormativity）」である。性愛規範性とは、排他的に愛し合う性愛関係こそが人々の目指すべき普遍的目標であるという社会に流布した規範を指す。ブレイクは、「性的関係」や「恋愛」を家族関係の基礎に置くような法的規制を取り払うことが必要だという。最小結婚が法的対象とするケア関係は、非性的・非恋愛的な関係に開かれており、友人関係や複数人による関係性、ネットワークを含むものである。性的結合や二者関係を特権化する「同性婚」とは異なり、アセクシュアルやアロマンティック、ポリアモリーの当事者などによる、多様な個人が取り結ぶ「非標準的」な関係も射程に入れている点で重要である。これを承認し権利を付与するのが「最小結婚」である。

「最小結婚」は、婚姻制度が課す制約を最小限にするために、婚姻関係の枠組みを「拡張」しようとする。ブレイクは、「国家は最小結婚の権利をすべての人に利用可能にすることで、いかなるケア関係もその権利を行使するのに『値する』と強調することができる」［Brake 2012=2019: 312］という。

4 なぜ結婚なのか？

（1）「結婚」のイメージを変える

では、なぜそれが「結婚」という名称でなければならないのか。ここではブレイクの議論を参考にしながら、婚姻制度を存続し改革していくことの意義を三つの視点から論じる。

第一に、結婚という概念を従来の意味から引き離し転用することには、「廃止」では決して得ることができない社会的効果がある。婚姻制度を廃止し、それとは別の新たな制度を設けるべきという主張もありうる。これに対し、ブレイクは結婚という名前を存続させる意義を、「名前を保持すべきかどうかは結婚のイメージを変えられるかどうかにかかっている」としてこう述べている。

> この提案は、現在流布している結婚の社会的意味を混乱させるであろう。しかし、この提案の一つの目的は、簡潔に言えば、オルタナティブな関係の形態の社会的地位を向上させるためにそのような社会的意味に混乱を持ち込むことにある。差異を肯定することによって、国家は異性愛的一夫一妻婚の理想を、脱標準化することができる。〔Brake 2012=2019: 312〕

ブレイクは、結婚の不正義をそれ自体に由来するものではなくそれが不正義に陥る条件に由来するという考えに立つ。「廃止」ではなく「改革」を支持するのは、国家が結婚を再定義することこそが過去の不正義の公的な修正を可能にするからである。

ブレイクが指摘するように、たとえ法的な婚姻制度を廃止したとしても、結婚そのものは国家以外の領域、例えばさまざまな商業主義の領域へと譲り渡される可能性は高い。「国家の関与こそが、社会的地位としての結婚への平等なアクセスを確保する」〔Brake 2012=2019: 311〕のであり、結婚を廃止すれば、「区別」を作り出さないことはできても、すでにある「区別」を是正することはできない。そのことを考えると、「結婚」そのものの概念・社会的意味を変容させることこそが現行の婚姻制度の問題を解消するうえで重要だと思われる。

最小結婚に対して予想される批判の一つに、「それはもはや結婚ではないのではないか」というものもある。しかし、ブレイクに言わせれば、「そもそもこの提案は現在の結婚に対する理解から離れようとするもの」であり、むしろそれこそが目指すべき地点なのだといえよう。前述したように、選択的夫婦別姓制度や同性婚への批判に、現行の制度や規範を補強するものだという批判がある。しかし、同性婚が現行婚姻・家族制度の維持・強化に与するのかといえば、むしろ現行の差別・抑圧を解消するうえで廃止論以上の効果を期待することもできる。一見矛盾するような言い方になるが、婚姻制度を「瓦解」させることとこそが婚姻制度を存続し改革する理由である。国家が結婚を再定義することこそが過去の不正義の公的な修正を可能にするのであり、「他の関係性の保障を目指すこと」と「婚姻制度を希求すること」は必ずしも矛盾しない。[3]

(2)「社会的承認」の枠を拡げる

第二に、「社会的承認」の効力という点で婚姻制度の「廃止」ではなく「改革」に分がある。同性婚を同化主義的とみなす議論では、他のマイノリティを周縁化してしまうことが批判されていた。ブレイクは、婚姻制度を選択できる人々を拡張することは、むしろ「オルタナティブな関係の顕在化」

を可能にするとし、その社会的承認の効力を強調する。

清水雄大も述べるように、同性婚は「ある性的結合に対し正当性を付与するという婚姻の機能を、同性愛に対する社会的承認の契機としてシンボリックに利用する」ものであり、婚姻制度の廃止は同性愛の社会的承認に直接的に結びつくものではない［清水 2008］。清水は「性的結合」とだけ表現しているが、この承認機能は性的結合を超えたさまざまな関係性に対しても効果を発揮しうるだろう。性的・恋愛に依らない成人間のケア関係や相互依存関係に正当性を付与するために、婚姻制度が有する社会的承認の効力が利用できる。

これまでも、具体的な生活上のニーズを満たすならば婚姻制度とは別の制度でもよいのではないかという問いが発せられてきた。同性パートナー関係を保障する必要はあっても、それは婚姻制度ではなく、他の方法によるべきだという主張である。しかし、これは「社会的なインパクト、シンボリックな効果ということを考えた場合、同性婚に比して劣ると言わざるを得ない」［清水 2008: 107］。婚姻制度が同性愛やその他の婚姻外セクシュアリティを排除してきたことを考えれば、同性婚を法制化することは、同性愛もまた社会的に正当な結合であることを国家が宣言するという機能を持ち、正当な存在として可視化することを可能にする［清水 2008］。風間が述べるように、たとえ現行の婚姻制度が同性愛差別の基盤の一つにあるとしても、それとは無関係な差別も存在するのであり、「婚姻制度の解体」がただちに同性愛差別の解消につながるという保証もない［風間 2003: 37］。こうした同性婚に対する肯定論は、婚姻制度を拡張することの意義を示しているように思われる。

また、仮に法的な婚姻制度を残したまま、同性カップルには他のパートナーシップ制度しか認めないことになれば、異性カップル／同性カップルの境界線は維持され、「同性同士の関係性を特殊な存在に位置づける」(4)［谷口 2004: 21］。日本弁護士連合会が提出した意見書でも次のように指摘されている。

異性婚と内容は全く同じであるが、「婚姻」ではなく「パートナーシップ」という名前を冠した制度を設けることは、許されるであろうか。同性パートナーシップ制度として、異性同士の婚姻と内容が同じ制度を用意したとしても、そのような分離した制度を設けること自体によって、同性のカップルは異性のカップルに準ずる存在とのメッセージが発せられることになる。したがって、そのような分離した制度を設けること自体が同性愛者の人格価値の平等を損なうものであって、やはり平等原則違反となると言わざるを得ない。［日本弁護士連合会 2009: 15］

もちろん、これらの議論は現状の婚姻制度を維持したうえで、同性カップルに別の法的枠組みを用意するという提案に対する批判である。しかし、仮に法的な婚姻制度が廃止されても「結婚」が社会的制度として生き残るならば、「結婚」が持ちうる従来の規範・意味も修正されないまま残存していく可能性は高い(5)。ファインマンも、法的カテゴリーとしての結婚が不要になっても、社会制度としての結婚は（社会的・文化的・宗教的構築物として）生き残るだろうと述べている(6)。その意味では、婚姻制度を国家が是正することにこそ意義があり、婚姻の持つ法的承認の力をどのように活用ないし運用するかという議論を展開していくことが重要ではないだろうか。

（３）多元的な価値観を包摂する

第三に、多元的な価値やアイデンティティを尊重するという観点から、婚姻制度の「廃止」よりも「改革」のほうに分があると考える。当然のことではあるが、現行社会においてマジョリティは「結婚」を高く価値づけ、アイデンティティの基盤に据えている。そして、このことは婚姻制度から排除されているマイノリティにもあてはまる場合がある。日本において選択的夫婦別姓制度を求める人の多くは婚姻制度への包摂を求めているし、同性愛者の結婚の権利獲得運動もまた婚姻制度を求めるものである。こうした「結婚」に対する人々の価値づけをどのようにとらえるべきかがここでの論点になる。

やや話がそれるが、家族の姓（surname）を選択する基準を例にあげよう。アメリカでは家族姓について、同姓や別姓はもちろん、連結姓や新たに姓を創ることなど多様な選択肢が認められている。社会学者のニュージェントによれば、人々が夫婦や子の姓を選択する際、その基準となるのは、「祖先とのつながり」や「民族的アイデンティティ」、「伝統」、「平等」、「美的感覚（aesthetics）」、「簡便性」、「スティグマの軽減」など多様である［Nugent 2010］。リベラルな動機に基づく選択もあれば、民族的アイデンティティや伝統的観念、宗教的信条に基づく選択もある。既存の差別から逃れる手段として姓の意志決定がおこなわれる場合もある。

こうした多元的な価値観、多様なニーズに優劣をつける制度設計ではなく、多元的なニーズ・信条を包摂する制度設計こそが重要だと考える。同じことは人々が取り結ぶパートナー関係やケア関係にもあてはまるのではないだろうか。もちろん、そもそも「結婚」に対して人々が抱く「選好」そのものが問題なのだという批判もありうるだろう。「それを望む人がいるからそれを維持すべきだ」という選好充足の主張そのものには問題がはらまれている。われわれの「選好」は既存の社会に都合よく形成され、しばしば既存の社会に矛盾しないよう調整される。ここでは、この「適応的選好」の問題を無視しようというのではない。しかし、差別的構造に由来する選好を是正しながらも、多元的な選好を包摂する道を模索することは可能であり、「結婚」という選択肢を除去することは、それを「生」や「アイデンティティ」の基盤とする人々をただちに否定することになる。

例えば、日本において夫婦別姓の選択肢を法律婚に求める人は「結婚」という言葉を旧来の家制度的・男尊女卑的な概念として用いているわけではない。多くの国で同性婚を希求する当事者たちが理想としている「結婚」は家父長制的あるいはキリスト教的伝統に基づくものではない。むしろ、対等で安定的なケア関係の基盤として「結婚」を希求する側面が強い。われわれは、社会における婚姻制度の中心性・特権性を否定しながら、結婚を本質的に差別的制度とみなすことから離れることができるはずである。

齊藤笑美子は、婚姻ではなくパックスを選択するフランスのカップルに触れながら、これらのカップルが「事実上の存在」にとどまるのではなく「自らの共同生活を法化することを選んでいる」存在であり、「法的婚姻がなくなったとしても、共同生活に対する法的介入の必要性が減じるのではないことを示している」と述べる〔齋藤 2012: 87〕。重要なのは、婚姻制度を廃止するよりも、「婚姻の脱特権化」によってそれを「一つの選択肢」に格下げすることであり、こうした多元的な価値の一つに結婚を位置づけることである。

婚姻制度を存続し改革することは、言うまでもなく現行の婚姻制度を肯定するものではなく、その問題を内側から解体する試みである。歴史的に見ても「結婚」という概念はその名は同じでも大きく変容してきたのであり、この変容可能性に目を向け、「結婚」を不断に問い直していくプロセスこそを重視すべきなのである。

5　ケア関係への国家介入の正当性――独身者は排除されるのか？

前節では、成人間のケア関係を規制する制度の必要性について論じた。しかし、婚姻制度から性的関係や恋愛関係、モノガミーの規範を抜き取り、多様なケア関係を包摂することができたとしても、なお制度から排除される「独身者」がいるとして、人々の取り結ぶ関係性に国家が介入すること自体を批判する立場もあるだろう。最後に、婚姻制度のような特定の関係性やつながりに国家がインセンティブを与えることとそれ自体の正当性を検討していきたい。

第２節でも示したように、国家が「理想」や「正常」を掲げることには否応なく「峻別」が働く。しかし、池田弘乃が述べるように、「正常なもの」を設定すること自体を廃棄すべきだという主張はリバタリアニズムの立場に接近する。たとえ「正常なもの」の規定自体を廃棄し「法的な標準」がなくなったとしても、依然として残る「社会的な標準」に対する構えは必要となる［池田 2017: 151］。本稿では、社会が一定の「理想」（正常なもの）を掲げること自体は否定できないという立場をとり、個人が取り結ぶケア関係に国家が介入することの正当性を検討する。この点を行動経済学等の領域で議論されてきた「リバタリアン・パターナリズム」の議論を参照して考えてみたい。

リバタリアン・パターナリズムとは、「最大限の自由を実現しようとするリバタリアニズム」と「相手の利益のための干渉というパターナリズム」の二つを両立させようという主張を意味する。代表的な論者である政治学者キャス・サンスティーンは、国家などの公的主体がその意思決定に介入するという「パターナリズム」の必要性を認め、そのうえで、一方的な制約や強制にならぬよう、あくまで選択的環境の操作を通じて「一定の傾向」を作り出すこと（ナッジ）によって各主体がその影響を逃れて自分自身の選好を実現する可能性を保障することを提案する。

そもそもわれわれの社会に「中立的な場所」はなく、「デフォルト・ルール」はいたるところにあり、デフォルト・ルールなしに生活するのは不可能である(7)。サンスティーンによれば、「選択の自由」を支持しパターナリズムを一切拒否することには「すべての人が自分たちの最大の利益になる選択をしている」という誤った前提がある。「インセンティブとナッジを適切に配置することによって、人々の生活を向上させる能力が高まり、社会の重大な問題の多くを解決できるようになる。しかも、すべての人の選択の自由を強く主張しながらそうできる」というのである［Sunstein 2013=2017: 22］。

人々の自由意志に基づく選択が常に当人の福利を増進するわけではないという論点は、ここでの議論の参考になる。現代社会における家族関係の「個人化」をめぐる議論では、一方に個人の自由・平等を実現すべきとする推進の方向があり、他方に孤立化・不平等化を押しとどめるべきとする抑制の方向がある［阪井 2012］。自己責任や自助努力に帰着しかねない個人化のジレンマをどう乗り越えるべきか。リバタリアン・パターナリズムの議論は、こうしたジレンマを超え、個人化する社会における共同性を考える手がかりになると考える。

「婚姻制度がある限り独身者は排除される」という批判を検討しよう。結婚しない自由は当然認められるべきであり、婚姻制度の外部にいる人が差別を受けることがあってはならない。しかし、個人が「孤立」して生きていることを社会が望ましい状態ではないとみなすのであれば、特定の人間関係や社会関係の間で相互依存・ケア関係を取り結ぶことそのものを社会が推進することは正当化される。

われわれは、「独身者が排除される」ことを問題化する際、既存の「結婚／独身」という二者択一の枠組みに拘束されてはならない。「独身者（非婚者）」を「孤立者」と同一視すべきではなく、当人の自由を尊重する必要はあったとしても、国家が「孤立」を後押ししたり推奨したりする必要はない。国家が個々人に一定のつながり（ケア関係）を形成させることにインセンティブを与えることは、個人の福利と社会の福利の双方にとって有益だという点から正当化されるだろう。

「ほっといてくれ」「ひとりのほうがよい」「つながりを強制すべきではない」――こうした「自由」それ自体を否定しようというのではない。ここでは、「自由を擁護すること」と「一定の関係性にインセンティブを与えること」は矛盾するわけではないということを強調したい。現実的には、だれしも社会が個人の生き方に不介入であるべきだとは考えておらず、あらゆる場面で介入を容認したり要請したりしている。そもそもなぜ多様性をめぐってさまざまな法制化が希求されているのかと言えば、制度から排除され困難を抱えている人たちが多数存在するからに他ならない。つながりの選択肢が限定・差別化されている現行の社会制度において、不遇な状況に置かれている人々を救済するためにもつながりの選択肢を与えるべきなのである。しばしば介入こそが人々の生存の安定化を可能にするのであり、「介入／不介入」の是非を離れて、われわれはどのように介入するかを議論しなければならない。

橋本努によれば、政府が個人に介入することには、「行為を代行する」という側面がある。橋本によれば、「人は自分にとって何が『善き生』であるのかについて、必ずしも十分な判断力をもって人生を歩んでいるのではな」く、「人はその都度、ある善き生の判断に基づいて行為するかもしれないが、他方では『自分にとって善き生とは何か』についての探求を、政府に一部代行してもらうよう依頼することもできる」［橋本 2021: 184］。この指摘は、家族関係を対象として述べられたものではないが、特定のつながりにインセンティブを与えることの合理的な根拠になるだろう。

ブレイクにならって言えば、ケアをめぐる人間関係の創出は個人の生存やコミュニティを維持するうえで不可欠であるがゆえに「基本財」とみなすことができる。その意味で、国家が多様な生き方を尊重しつつも、特定の関係性にインセンティブを与えること自体は否定されない。なぜなら、社会はつねに／すでにそのように成り立っているからである。もちろん、「〝誰が〟〝何を〟承認するのか、そもそも他者の権利を、法や国家が承認することは可能なのか」［堀江 2010］という問いには常に向き合っていかなければならない。政府が想定する「理想」や「善き生」が抑圧・排除に転化する危険性を注視していく必要がある。措定された「理想」が常に問い直され、刷新されるよう再解釈に開かれていなければならないのである。

6 「DIY」化する人間関係とその支援

本稿は、「婚姻制度の廃止か改革か」という問題を検討し、「廃止」ではなく「改革」の側を支持する議論を展開した。しかしながら、婚姻制度の存続を支持するからといって、ドメスティック・パートナーシップ制度やシビル・ユニオンのような、婚姻制度以外の制度を否定しようというのではない。むしろ、婚姻制度以外にも多様な選択肢が用意されることこそがより理想的だと考えている。

例えば、フランスでは、カップルの法的関係には婚姻とパックス、内縁（自由結合）の三種類が用意されている［大島 2017］。必ずしも婚姻関係を望まない人々にパックスは多様な動機で使用されており、税制上の優遇を得るなど共同生活に必要な法的効果を得るために使用されるという。内縁（自由結合）は、婚姻やパックスよりも法的拘束の少ない「単に共同生活を送っている事実があるカップル」という位置づけであり、国家に届けることに意味を感じないカップルに選ばれるものだが、共同生活の事実があるという点により一定の法的効果が付与される[8]。

各々の詳しい違いについては大島梨沙による詳細な解説を参照してほしいが、興味深いのは、二つの選択肢の共通点である。いずれの形態を選んでも、社会保険や居住保障などカップルに関する最低限の保障が認められる。特に、カップルが育てている子どもの地位と子どもに関する社会保障（家族給付）については、親がいずれの形態を選択していても同じ取り扱いとなる点は注目に値する。「成人関係」と「子ども」を切り離す理念が明確に表れており、親の関係状態によらず、社会が子どもを平等に扱うメッセージを見て取れる。

こうしたフランスの事例のように、「グラデーション」のある制度設計こそが理想的であると考える。今日では、関係性をめぐる個々人の生活上のニーズが多様化しており、婚姻制度の中だけに権利を束ねることの限界が露呈されている。ここでの多様なニーズとは、セクシュアル・マイノリティに限られた話ではない。今なお結婚をアイデンティティの基盤とする人もいれば、さまざまな理由から婚姻制度を拒否する者もいるだろう。例えば、もともと親友関係だった二人の女性異性愛者が、お互い男性と離婚した後にシングルマザーとして助け合って生活しているうちに、「いっそのこと家族になってしまったほうが楽になる」と判断して友人同士で結婚するという選択をすることもあるだろう。性的結合とは関係のない高齢者たち同士による共同居住や、高齢者と家族ではない若者やシングルペアレントが住宅をシェアして生活の充実化・効率化を図るという実践例もすでに世界的に珍しいものではなくなっている。

現代社会には個々人の多様な信条とニーズがあり、これに応じた受け皿が用意されることが重要だろう。そのために、婚姻制度を存続・改革しながら、婚姻制度を選択肢の一つとして「脱中心化」することが重要である。

個人化の進行する社会において、家族に関わる行為の決定が個人の意思に基づいておこなわれ、「生き方」の選択性が増大している。社会学者のU・ベックとE・ベック＝ゲルンスハイムの表現を借りるなら、個々人の人生の軌跡が「画一的で標準的な軌跡」（Standard Biography）から「自ら作り上げるもの」（Do-it-yourself Biography）へと変化した［Beck and Beck-Gernsheim 2001］。誰と、どんなタイミングで、どのような家族、ケアしあう関係をとり結ぶのか、人間関係の「ＤＩＹ」化に対応した支援の設計が必要なのである。

〈注〉

（1）チャーリンは次のように述べる。「一九七〇年代には、私を含むアメリカの研究者は誰も、成人のライフコースのなかで、これほどまでに同棲の重要性が高まるとは予期していなかった。貧困層を除いては、同棲はすぐに解消されるか、いずれは結婚する予定で、子どものいないカップルによる短期間の居住形態にとどまるだろうと考えていたのである。しかし、同棲はますます普及し、より複雑な現象になっている」［Cherlin 2004: 849］。

（2）青山［2016］の整理によればリベラルな立場からの同性婚反対論にはおおよそ、①性的マイノリティの中のマイノリティの排除、②経済的弱者排除の問題、③近代家族規範・国家の法制度への包摂の問題、④グローバル資本主義・新自由主義政策との親和性などがあげられるが、ここでは主に①と③に絞って検討する。

（3）風間孝はこう述べている。「同性婚の要求とシングル論が常に対立すると考える必要はない。結婚している（異性・同性）カップル以外に権利を保障すべきでないと主張するのではなく、パートナーが同性であるというだけで排除されるべきではないと主張することは、異性間の法律婚以外にも権利保障の領域を広げていく実践と矛盾するものではない。その延長線上に、あるいは同時に二者に閉じない関係を包括することを求めていくことは、実質的に婚姻関係の有無を権利保障の基準としなくなることである。このような質を同性カップルの公的承認を求める運動がもつことができるなら、同性婚を求める運動と婚姻外の関係にも権利保障を求める運動とを対立させる必要はない。」［風間 2003:41］

（4）この点については、清水雄大［2017］が紹介するマサチューセッツ州の最高裁の事例も興味深い。二〇〇三年に同性婚禁止を違憲としたことを受け、その後州議会がシビル・ユニオン法案を起草したことに対して合憲をめぐる判断がおこなわれた。最高裁は、「婚姻」と「シビル・ユニオン」という呼称の相違は、同性カップルを「二流市民」の地位に割りあてることになるとして「違憲」判断を下したという。

（5）イギリスの社会学者エドワーズらは、「家族」という概念を否定する風潮に反論するなかで、家族への注目を維持することは、単なる「個人」をこえて存在する、人々のつながりや帰属の感覚を理解するうえで重要だとし、家族関係を規定するものが生物学主義やネオリベラル・経済合理的な商業主義に染められることを防ぐためにも政策や社会学が「家族」概念を保持すべきだと論じる［Edwards et.al. 2012］。結婚も同様で、成人間のケア関係から国家が手を引くことには多くの問題がはらまれているといえる。

（6）ファインマンは、「結婚から法的地位をなくすとは、あくまでもそれを国家からの社会的財を受け取るしくみとはしないこと」だという［Fineman 2004=2010:116］。ファインマンが法的な「結婚」を否定しながら「家族」を否定していない点にも注意したい。彼女は、「多くの社会目標の達成に法的結婚が必要ないというのは、そのための家族の働きを全部否定する必要はない。家族という社会的・法的カテゴリーが、中核に結婚関係があるかないかに依存してはいけないという意味である」〔Fineman 2004=2010: 116〕と述べ、出産・育児など子どもをめぐる再生産は「明らかに重要な社会的利益」であり、「私たちが本当に子どもの福祉に配慮するなら、オルタナーティブな関係にも結婚と同様に社会的な援助や支援を与える政策をめざすべきである。たんに生活をともにする家族の形態が違うだけで、子どもたちが不利益をこうむらないように努力すべきである」と主張する〔Fineman 2004=2010: 93〕。

（7）サンスティーンによれば、社会にとって一定の利益をもたらすようなデフォルト・ルールをあえて採用しないとすれば、それは「中立的な選択」などではなく、何らかの価値のためにその利益を断念するという価値判断を意味しているということになる。国家が介入しないことを「中立的」だとみなす社会に流布した考え方を批判し、「何もしない」ことは中立や公正を意味しないと主張する。

（8）イギリスでも、同性パートナー関係を保障するためにつくられたパートナーシップ登録制度が同性婚の法制化以降も存続している。イギリスでは二〇〇四年に「市民パートナシップ法」が成立した。市民パートナーシップと婚姻を分ける法の規定が四つある。①伝統的儀式によって定められた言葉で誓わないこと、②宗教的誓約によって関係が結ばれないこと、③性感染症が関係無効の条件にならないこと、④不貞（第三者との性交）が関係解消の条件にならないこと、である。イギリスの制度は、市民パートナーシップを伝統と宗教から遠ざけることで、同性婚とパートナーシップの両立を図っているのである〔青山 2016 参照〕。

〈参考文献〉

青山薫 2016「『愛こそすべて』――同性婚／パートナーシップ制度と『善き市民』の拡大」『ジェンダー史学』12: 19-36.

池田弘乃 2017「クィア――クィアな視点は法学に何をもたらすか？」谷口洋幸ほか編『セクシュアリティと法』法律文化社、一四四～一五四頁。

大島直也 2015「同性婚の再定位――クィアへの応答を通じて」『学生法政論集』9: 17-34.
大島梨沙 2017「フランスにおけるカップル形成と法制度選択」平井晶子・床谷文雄・山田昌弘編『家族研究の最前線②――出会いと結婚』日本経済評論社。
風間孝 2003「同性婚のポリティクス」『家族社会学研究』14(2): 32-42.
齊藤笑美子 2012「親密圏と『権利』の可能性」ジェンダー法学会編『講座ジェンダーと法　第4巻　ジェンダー法学が切り拓く展望』加除出版。
――― 2017「婚姻――カップルの特別扱いに合理性はあるか？」谷口洋幸ほか編『セクシュアリティと法』法律文化社。
阪井裕一郎 2012「家族の民主化――戦後家族社会学の〈未完のプロジェクト〉」『社会学評論』63(1): 36-52.
――― 2022『［改訂新版］事実婚と夫婦別姓の社会学』白澤社。
清水雄大 2008「同性婚反対論への反駁の試み――『戦略的同性婚要求』の立場から」『Gender and Sexuality』3: 95-120.
杉田敦 2015『境界線の政治学 増補版』岩波書店。
谷口洋幸 2004「『同等だが差異ある制度』の検討」『女たちの21世紀』37: 19-21.
――― 2015「『同性婚』は国家の義務か」『現代思想』43(16): 46-59.
日本弁護士連合会 2019「同性の当事者による婚姻に関する意見書」。
橋本努 2021『自由原理――来るべき福祉国家の理念』岩波書店。
堀江有里 2010「同性間の〈婚姻〉に関する批判的考察」『社会システム研究』21: 37-57.
――― 2015「〈反婚〉試論――家族規範解体をめぐる覚書」『現代思想』43(16): 192-200.
森山至貴 2017『ＬＧＢＴを読み解く――クィア・スタディーズ入門』筑摩書房。
李瑛鈴 2004「『法律で守られる』関係の限界について――法律ではなく人々の自由な有り様が必要だ」赤杉康伸ほか

編『同性パートナー——同性婚・ＤＰ法を知るために』社会評論社、二一二〜二二四頁。

Beck, U. and Beck-Gernsheim, E., 2001, *Individualization*, Polity Press.

Brake Elizabeth, 2012, *Minimizing Marriage: Marriage, Morality, And The Law*, Oxford University Press.（= 2019, 久保田裕之監訳『最小の結婚——結婚をめぐる法と道徳』白澤社）

Cherlin, Andrew, 2004, "The Deinstitutionalization of American Marriage," *Journal of Marriage and Family*, 66: 848-861.

Ciabattari, Teresa, 2017, *Sociology of Families: Change, Continuity, and Diversity*, Sage.

Edwards, R., Ribbens McCarthy J. and Gillies, V., 2012, "The Politics of Concepts: Family and its (putative) Replacements," *The British Journal of Sociology*, 63(4): 730-46.

Fineman, Martha Albertson, 2004, *The Autonomy Myth: A Theory of Dependency*, The New Press.（= 2010, 穐田信子・速水葉子訳『ケアの絆——自立神話を超えて』岩波書店）

Nugent, C., 2010, "Children's Surnames, Moral Dilemmas: Accounting for the Predominance of Father's Surnames for Children," *Gender and Society*, 24(4): 499-525.

Sunstein, Cass R. , 2013, *Simpler: The Future of Government*, Simon & Schuster.（= 2017, 田総恵子訳『シンプルな政府——〝規制〟をいかにデザインするか』ＮＴＴ出版）

第7章 性愛規範を超えて
――最小結婚と非性愛的ケア（親密性）関係

久保田裕之

はじめに

未婚化の進展に伴い、日本の「婚活」をめぐる状況は狂乱の様相を呈している。実際、日本の婚活ビジネスとよばれる結婚関連産業は二〇〇〇億円規模ともいわれ、この一〇年で三倍以上拡大しているとされる。まさにこうした『「婚活」時代』［山田 2007］の背景には、生涯未婚率の上昇により男性の三割、女性の二割が五〇歳までに一度も結婚しないことが予想されるにもかかわらず、未婚者の結婚意欲は依然として高いことが指摘されている。その結果、「結婚したくてもできないかもしれない」恐怖が、日本でもマッチング・サービスから婚活コンサル、婚活マニュアル、エステから自己啓発に至る幅広い婚産複合体［Brake, 2012=2019: 32, 176］の隆盛を許している。根強い皆婚規範のもと、あたかも結婚できないことは生涯一人で孤独に生きていくことであり、他者と深くかかわる人生の終焉を意味するかのようである。

他方で、結婚しなくても生涯独りで生きるとは限らないこと、結婚しなくても孤独ではない生き方の選択肢があることもまた、長い時間をかけて少しずつ目に見えるようになってきている。たとえば、一九八〇年代以降の日本の家族研究においては、法律婚に対する非法律婚・事実婚・非婚など、結婚外の結婚類似の関係に対する法的保護の必要性が議論されるようになる［善積 1997］。一九九〇年代からは、高齢者同士のグループリビング［西條 2000］、多世代型のコレクティブハウス［小谷部 1997］、若年単身者を中心としたシェアハウス［久保田 2009］といった非性愛的共同生活関係や、ポリアモリーといった複数の性愛を含む関係性［深海 2015］など、結婚が前提とする一対の排他的で包括的な性愛関係の外部で、いかにして人々の生が支えられ得るかが議論されてきた。世界的にも、結婚・恋愛関係の不安定化と呼応するように、私的関係において友情や友人関係の重要性はますます拡大していることも指摘されている［Chambers, 1999=2015］。このような性愛関係の理想を基礎とした結婚制度の対極で、成人同士の友人関係に代表される人々の広く親密な関係性を、非性愛的親密性（non-amorous intimacy）と呼んでおく。

しかし、結婚制度の見直しや同性関係の包摂といった議論の中でさえ、こうした非性愛的親密性は制度的支援の外に置かれてきた。確かに、日本の法律婚主義は事実婚関係を法律上（とりわけ税制上）正式な関係とは認めないものの、判例上は内縁関係保護の延長に一定の権利が認められてきた。さらに、近年世界的に同性カップルに関する権利保障も拡大しており、「異性愛者と変わらない性愛的絆」を根拠として、結婚に準ずる権利や結婚それ自体の権利も認められつつあり、日本でもようやく自治体レベルのパートナー制度が拡充しつつある〔棚村・中川 2016〕。しかし、恋愛や性の価値、包括性や永続性の建前を掲げる性愛関係に比べて、友人関係に代表される非性愛的親密性は制度的な支えからは依然として最も遠い存在ともいえる。いわば、非性愛的親密性は、社会的に重要でない二流の関係と捉えられてきたのであり、そもそも婚姻関係のように法的保護の対象となるのはおかしいと疑問を持たれるのも当然だろう。

これに対して、異性愛であれ同性愛であれ、規範化・特権化された一対の永続的な恋愛・性愛的親密性を問題化するための理論と、非性愛的親密性を支援可能な制度への足掛かりを示したのが、エリザベス・ブレイクによる最小結婚論である。すなわち、ブレイクは一対の排他的で永続的な性愛関係を普遍的なものとして価値づけ制度的に優遇する規範を、「性愛規範性（amatonormativity）」として概念化することで、こうした性愛規範を離れて万人に開かれた最小限度の結婚制度を「最小結婚（minimal marriage）」として構想する〔Brake, 2012=2019〕。

そこで本稿では、性愛規範から最も遠いと考えられる友人関係のような非性愛的親密性が、最小結婚の中で具体的にどのように位置づけられるのかを、特に関連のある「性愛規範性」と「ケア関係」という二つの概念をめぐって議論したい。

1　性愛規範性と最小結婚——恋愛・性・伴侶性

まず、現行の結婚制度を支える性愛規範がどのように概念化されているのか、そして、それと対置されるブレイクの最小結婚の構想において性愛の規範化・特権化がどのように放棄されているのかを検討することで、反射的に、友人関係に代表される非性愛的親密性がどのような意味で周縁化されているのかを確認しておこう。性愛規範性は最小結婚論の鍵概念の一つであり、「結婚およびそれに関連するロマンティック［恋愛的］な一対一の関係という理想」［Brake, 2012=2019: 146］、ないし、「結婚および恋愛的に愛し合う関係を特別な価値がある場とみなすこの不正な焦点化と、ロマンティック［恋愛的］な愛が普遍的な目標であるという想定」と定義される。具体的には、①恋愛関係（romantic relationship）が、②他の関係に比べて普遍的な価値を持つために（普遍性の想定）、③他の関係よりも優先される（優先性の想定）ものとして理解されている。ここで、②普遍性の想定は、③優先性の想定の根拠となっており、②普遍性の想定を担保しているのは、①規範化・特権化される恋愛関係が持つ（べき）諸特徴である。ブレイクが批判を試みるのは、まさにこの諸特徴が一体として普遍的に価値づけられるという想定であった。

（1）規範化・特権化されているのは恋愛か／性か

第一に、ブレイクの議論を通じて恋愛的（romantic）と性愛的（amorous）はほぼ互換的に用いられているが、普遍的な価値を持つとされる恋愛関係は厳密にどの程度、性的（sexual）な含意を持つのだろうか。たとえば、ブレイクは恋愛関係としての特権を得るためには、現に「性行為」を行なっている必要はないことには注意を促している。すなわち、「永続的な恋愛関係を維持しながらも性行為を控えているカップル、また別居を続けていたり、財産を共有化せずに分離して生活していたりするカップルは、社会的にはまだ恋愛関係（romantic relationship）にあるとみなされうる。（中略）したがって、法律婚、性行為、同居、財産の共有は、特権のための必要条件ではない。必要条件であるのは、恋愛に基づく、永続的で、中心的な愛し合う関係なのである」［Brake, 2012=2019:159］。

しかし、規範化・特権化される恋愛関係が「性行為」を求めないとしても、そもそも恋愛関係の中に性的感情や性的欲望が併せて規範化・特権化されていないかは別の問題である。たとえば、結婚という特権を与えられる時点で恋愛関係だと認定され、その後、性関係が消失しても特権を保持できることをもって、特権を与えられる時点でも性関係は必要なかったと結論づけるのは早計である。というのも、現代社会における結婚を支える規範として、恋愛関係に与えられた普遍的な価値のみならず、性関係ないし性的欲望に与えられた普遍的な価値もまた無視することはできないからである。確かに、セックス・フレンド（セフレ）とどれだけ充実した性関係を謳歌していても恋愛的（かつ排他的）でない点において逸脱ないし二流の関係として扱われる場面があるとしても、逆に、長期に渡って性関係を持たない「セックスレス」カップルが性行為や性欲望情の欠如についての葛藤を抱えてきたように(1)、望ましい恋愛関係には性関係が必要であり、とりわけ「結婚は性行為によって完成する

表1　関係性の規範における愛と性のグラデーション

Ⅰ　純愛規範 (plato-normative)	性的でない恋愛関係こそが価値を持つ
Ⅱ　恋愛規範 (romantic-normative)	恋愛関係が価値を持つ(性関係を否定しない)
Ⅲ　性愛規範 (amato-normative)	性と恋愛が一体となった関係が価値を持つ
Ⅳ　性規範 (sex-normative)	性関係が価値を持つ(恋愛関係を否定しない)
Ⅴ　官能規範 (eroto-normative)	恋愛的でない性関係こそが価値を持つ

(consummation)」という考え方は根強く存在している。たとえば、アセクシュアル研究が提起する性規範性(sex-normativity)という概念は、性関係や性的欲望が恋愛関係の内外で規範化された社会に照準するものである[Chasin, 2011]。もちろん、国や文化によってその強度や重心が異なるとしても、少なくとも婚姻制度の背後にある恋愛の規範から、概念レベルで性関係の規範を除外してよいかは疑問が残る[2]。実際、ブレイクも歴史的にいかに結婚内での「正しい」性関係が結婚を正当化してきたかを批判的に論じており[Brake, 2012=2019: 3章]、こうした性と恋愛の歴史的な絡み合いを突然棚上げし、性関係の規範を除外して概念化していると解釈するのは筋が通らないようにも見える。

そこで、試みに恋愛と性をめぐる関係性の規範の在り方として、次のような五つの段階を設定してみよう。理念型として、性的ではない(いわゆるプラトニックな)純粋な恋愛関係を価値づける「純愛規範」(Ⅰ)を、その対極に、恋愛要素のない純粋な性関係を価値づける「官能規範」(Ⅴ)を配置したうえで、その中間に性と恋愛が一体となった関係に価値を置く「性愛規範」(Ⅲ)を中央に配置し、さらにそれぞれの中間に「恋愛規範」（Ⅱ）と「性規範」（Ⅳ）を配置したものである（表1）。

こうした簡単な整理から見えてくるのは、恋愛と性をめぐる関係性の規範のグラデーションの中で、⑴理念型とした純愛規範（Ⅰ）・官能規範（Ⅴ）は、文学作品や性的嗜好の中に見られるとしても社会規範として存在しているとは言い難いこと、⑵立法・司法を含む婚姻制度のレベルで特権化されているといえるのは性関係を中心とした性規範（Ⅳ）、ないし性愛規範（Ⅲ）であると考えられること、⑶より広い社会規範のレベルで特権化されているといえるのは恋愛関係を中心とした恋愛規範（Ⅱ）・性愛規範（Ⅲ）であると考えられることである。だとすれば、ブレイクは婚姻制度の背後にある規範として、性愛規範（ないし恋愛規範）の周辺で性愛規範性（amatonormativity）を概念化しているといえる。その意味で、本稿で議論する非性愛的親密性は、非恋愛的であることと、非性的であることの双方において、規範化・特権化された価値の外部に置かれていることが分かる。

⑵ 規範化・特権化されているのはどんな恋愛関係か

第二に、性愛規範性が特権化するのは、恋愛関係一般ではなく、いくつかの特徴を備えた恋愛関係であるが、この具体的な内容について検討しておこう。たとえば、ブレイクは性愛規範性が「中心的な、一対一の、排他的で、継続的な恋愛関係」［Brake, 2012=2019:158］を規範化・特権化すると説明する中で、中心的（central）である例として、「パートナー同士が、その他の関係や計画よりも恋愛関係を優先するという状態」を挙げている。整理すると、恋愛と結婚の理想を反映する形で、その恋愛関

表2　規範化・特権化される恋愛関係の5つの特徴

A（規模）対性	二人だけの関係に価値がある
B（数）排他性	排他的な関係に価値がある
C（順位）中心性	他の関係よりも最優先される関係に価値がある
D（期間）継続性	生涯にわたる継続的な関係に価値がある
→E（範囲）完全性	あらゆる側面を包括する点で価値がある

係が、規模の上で三人以上ではなくただ二人からなり（対性／二人性）、数の上で重複しない唯一の恋愛関係であり（排他性／唯一性）、順位の上で他の関係のなかでも最も優先され（中心性／最優先性）、期間の上で相当程度長期間ないし永続する（継続性／永続性）とき、性愛規範性による特権化が正当化されるということを意味している。加えて、後述するように、ブレイクが最小結婚の構想の中で、結婚によって当事者が交わす権利義務の「完全パッケージ」の強制を批判し解体を試みていることからも［Brake, 2012=2019:273］、排他性から派生する特徴として、完全性（包括性）（E）を加えることもできるだろう。

それゆえ、性愛規範性と性愛規範的な婚姻制度によって特権化されるのは、規模、数、順位、期間、範囲という位相で観念される、対性（A）、排他性（B）、中心性（C）、継続性（D）、完全性（E）という五つの特徴を備えた恋愛関係として整理できる（表2）。

こうしてみると、性愛規範性が規範化・特権化する恋愛関係の特徴は、まさに異性愛主義的な結婚における伴侶性（companionship）の理想と大きく重なっている。すなわち、男女であることと子どもを持つことを脇に置くと、二人だけ（A）で完結するがゆえに（E）、排他的で（B）何よりも優先される（C）永続的な（D）恋愛関係の理想である。

その意味で、非性愛的親密性が二流の関係という位置に留め置かれるのは、それが恋愛的でも性的でもないことだけでなく、性愛における伴侶性の理想である対性、排他性、中心性、継続性、完全性の全部または一部を理想として持たない関係として、位置づけられるからでもある(3)。

（3）結婚を恋愛関係ではなく「ケア関係」から考える

第三に、性愛規範性から自由なものとして構想される最小結婚の中で、先に見た恋愛関係の諸特徴の理想が、どのように放棄されているのかを確認しておこう。まず、ブレイクは、性愛規範的な婚姻制度を政治的リベラリズムと両立しないものとして批判するが、他方で、結婚を私的で契約的な関係に放逐することも否定する。すなわち、「私は結婚に関する国家による制限を減じるべきだと主張しているわけだが、同時に、特有の法的カテゴリーとしての結婚は保持すべきだとも主張」しており、その理由は「関係を容易にしたり承認したりする多くの権利は、現状では結婚を通じてのみ利用可能であり、私的契約を通じては利用できない。（中略）これらは、それほど容易に契約による私事化に還元できるものではない。というのも、その内容はその機能――すなわち関係を承認・支持すること――によって定義されるからである」［Brake, 2012＝2019: 274-5］という。

そのために、ブレイクはこれまで結婚の間接的な正当化根拠として議論されてきたもののうち、「ケア関係」のみを継承し、「ケア関係の社会的基盤」を政治的リベラリズムと両立可能な社会的基本財とすることで、結婚制度をケア関係の承認・支援のための制度として再編成しようと試みる。すなわ

表3　最小結婚における結婚の制約の廃止

A（規模）対性	→	人数制限なし（権利の性質による制約は有り得る）
B（数）排他性	→	重複可能
C（順位）中心性	→	不要
D（期間）継続性	→	いつでも解消可能
E（範囲）完全性	→	分割可能

ち、「ケア関係の社会的基盤は社会の基本財」であり、「基本財は、大まかにいえば、人々がどんな計画を描いていても欲するはずだと想定される万能の財（all-purpose goods）」とされる［Brake, 2012= 2019: 291］。それゆえ、ブレイクは「結婚がケア関係を促進する限りで、結婚に条件付きの価値を認める」ことになる［Brake, 2012=2019:154］。

その結果、リベラルな国家において正当化可能な結婚は、その目的が「ケア関係の促進」に限定され、許される制約は「ケア関係にあること」のみという最小限度のものになり、これこそが「最小」結婚たる所以である。すなわち、「最小結婚は、ケアを提供する関係を(1)承認する権利（たとえば、埋葬に関する権利、忌引き、第三者に対して任意にケア提供者の地位を指定する権利）と、(2)支援する権利（たとえば、在留資格やケアのための休暇）のみで成り立つ」以上、従来の結婚制度によって与えられていた財産上・税制上・福祉給付上の優遇のほとんどが剥奪されることになる［Brake, 2012= 2019: 272］。さらには、「その関係がケア関係であること以外には、性別又は配偶者の数や、関係性の性質や目的にいかなる原則的な制約を設けることはできない」のであり、結婚に伴う権利を「互恵的で完全なものとして求めることは許されず、非対称で分割されたものとしてでなければならない」としている［Brake, 2012= 2019:

269］。その結果、同性と結婚することはもちろん、三人以上で結婚することも、重複して結婚することも、結婚以外の関係が優先されることも、期限を決めて解消することも、細分化された権利義務を個別に設定することも可能になる（表３）。というのも、結婚にこれ以上の権利を認めることも、これ以上の制約を課すことも、特定の善の構想に与する包括的教説として政治的リベラリズムからは正当化できないからである。

ここで重要なのは、最小結婚において、(1)結婚は性愛関係の制度からケア関係を承認・支援する制度にシフトしている点、(2)どのようなケア関係が承認・支援の対象となるかについて、対性・排他性・中心性・継続性・完全性といった伴侶性の特徴を備える必要がない点、(3)結婚はこうしたケア関係を承認・支援する権利にしか関わらないため、従来の結婚が夫婦に賦与してきたほとんどの権利は（少なくとも理想上は）撤廃される点である。

それゆえ、恋愛関係にも性関係にも当てはまらず、伴侶性の理想に当てはまらない非性愛的親密性の中でも、あらゆる親密性が制度的支援の中に組み込まれるわけではない。他の様々な恋愛関係や性関係と同様に、ここでいう「ケア関係」を育むと判断しうる場合だけが、最小結婚における最低限度の制度的支援を受けることができることになる。

2　最小結婚におけるケア関係――ケア論の三つの位相と親密性

では次に、ブレイクが最小結婚の射程に収める「成人間のケア関係」とは、具体的にどのようなものだろうか。この点、ブレイクはケアを「配慮すること、誰かを気にかけること、世話をすること、その人のニーズに応えて福利を促進すること」が一体となったものと定義し、「物質的ケア（material caregiving）」と「態度的ケア（attitudinal care giving）」を区別している［Brake, 2012= 2019: 146, 293］。特にブレイクが「ケア関係」と呼ぶのは、食事の提供など身の回りの世話とそれに伴う情緒的な関わりという意味での物質的ケアのみならず、より広い態度的ケアを含むものであり、態度的ケアを「互いによく知っており、一個の人格としてお互いに関心を寄せており、歴史を共有している当事者の間に存在する」として「親密性」と互換的に用いたうえで、「態度的ケアが関係における物質的なケア提供を促進する傾向にある」とも述べている［Brake, 2012=2019:292-3］。

この点、ケア論が学術的概念として大きく注目されたきっかけは、心理学者R・コールバーグの道徳発達理論に対してC・ギリガンが提唱した「ケアの倫理」をめぐる議論であることには争いがない。具体的には、その著書『もうひとつの声』の中で、道徳的ジレンマに対して、男性が一般化された正義の諸原理から道徳的判断を下すのに対して、女性は文脈や個別性や関係性に注意を払うためにしばしば道徳的判断を留保することがあるとしても、それは男性に比べて女性の道徳的判断能力の欠如や低さを表すのではなく、文脈的・個別的・関係的なもう一つの倫理性の表れであることをギリガンは主張した［Gilligan, 1982= 1986］。その後、道徳的判断に関するケアと正義、個別性と一般性、関係性と自律性をめぐる議論は、生物学的特性論から切り離されて「ケアの倫理（care ethics）」として様々に展開していくが、「道徳哲学が、人間の相互依存性、共感などの感情、そして個別性への配慮を特徴とする認識的立場を過小評価してきたことであり、この排除を訂正すべき」ことを共通の出発点としている［Brake, 2012= 2019: 147］。

そこで以下では、これまで看護学、教育学、政治哲学、倫理学、社会学を含む様々な学問分野で議論されてきたケア論を、本稿の目的の範囲で、その限定性と規範的含意から狭義（世話）、広義（親密性）、最広義（関係的相互行為）の三つに分類することで、最小結婚論において前景化される広義のケア（親密性）の位置づけを明確にしたい。

（1）最狭義のケア（世話）論——依存を補う片務的で非対象なケア

第一に、ケア概念に先立って人間の基礎的条件としての「依存」を定義したうえで、依存者の物理的・情緒的な世話としてケアを狭く定義する議論があり、これを最狭義のケア（世話）論と呼んでおく。たとえば、上野千鶴子は『ケアの社会学』を論じるにあたり、「依存的な存在である成人または子どもの身体的かつ情緒的な要求を、それが担われ、遂行される規範的・経済的・社会的枠組みのもとにおいて、満たすことに関わる行為と関係」［Daly, 2001:37］というフェミニスト哲学者M・デイリーによるケアの定義を採用し、その理由として、⑴歴史・文脈的依存性を含む点、⑵相互作用として定位する点、⑶役割と遂行の社会的配置を含む点、⑷成人と子どもを含む包括性を挙げている［上野 2007: 39-40］。同様に、フェミニスト法学者M・ファインマンや、フェミニスト倫理学者E・キテイなど依存批判と呼ばれる議論においても、ケア（世話）は依存との関係で狭く定義されている。たとえばファインマンは、子ども期、病床、高齢、障碍といった例を挙げながら「避けがたく、逃げようのない依存」であり「身体的・生物学的依存」を不可避の依存として定義し、不可避の依存をケア（世話）するために多くの母親が経済的依存に陥る派生的依存の場面と区別したうえで、不可避の依存との関係でケア（世話）を概念化している［Fineman, 2004= 2009: 28-29;Fineman, 1995=2003 も参照］。

それゆえ、最狭義のケア（世話）論は、依存的存在をその社会において生存・生活可能にするための、双務的・互酬的ではなく片務的・非互酬的な相互行為として観念されており、まさにそこから規範的含意を引き出していることが重要である。すなわち、ケア（世話）は、たとえば、子ども期・障害・病気・高齢といった依存のように、それが相互行為の中でなされるという意味で一方的ではないとしても、少なくとも一時点においてはケアを担うものからケアを受ける者に対して行なわれるという意味で片務的であり非互酬的なものである。(4) その意味で、後述する第二・第三の位相のように「相互依存」や「誰もが誰かにケアされている」状態を観念することはできない。同様にまた、ケア（世話）を通じてケアの担い手に喜びや学びや有用感が生じ得るとしても、また、ケアの受け手に愛着や愛着を誘発するような場面があったとしても、こうした情緒的報酬はケア（世話）の副産物であってケア（世話）の条件ではない。むしろ、ときに非対称で片務的なケアであっても、情緒的報酬がある（はずである）ことをもって相互的かつ互酬的なものであるとされ、大部分が女性によって担われてきた依存者のケア（世話）のコストを覆い隠してきたことを問題化し、ケア（世話）への公的支援を正当化することに主眼がある。

その結果、最狭義のケア（世話）論は、依存者に対する非互酬的で非対称なケア（世話）の議論を、一定程度互酬的で対称的な非依存的な成人間の親密な関係性から切断し、制度的に分離することを志向する。というのも、従来の結婚制度は、ケア（世話）の制度と性愛的親密性の制度を一体的・連続的に設計し、一方で正統化された性愛的親密性（結婚）の外で行われるケア（世話）を承認・支援の外に置くことで懲罰的に作用してきたためであり、翻って、結婚という承認・支援の資格を、とりわけ子どもの養育というケア（世話）を自然的・必然的に伴うような異性愛的親密性に限定してきたためである。これに対してファインマンは、とりわけ離婚の増大により性的親密性の制度としての結婚が揺らぐ中で、性的親密性を支援する制度としての結婚という戦略を断念し、代わりに、依存をケア（世話）する関係を直接に公的支援の対象とする戦略を採る［Fineman, 2004=2009］。ブレイクもこうした最狭義のケア（世話）の制度的保障を「依存の枠組み（dependency framework）」として参照し、「法は、結婚を促進するという非効率な戦略を通してではなく、子どもたちとこのケアとを直接に支援することを目的とすべき」と同調する［Brake, 2012= 2019: 255, 293］。

（2）狭義のケア（親密性）論――歴史と情報に基づく近しい相互行為としてのケア

第二に、依存者に対する最狭義のケア（世話）を含みながらも、より広く、親密な関係性における相互作用も含むものとしてケアを定義する議論がある。たとえば、ブレイクはケアを「世話すること」のみならず、「配慮すること、誰かを気にかけること」と定義していた点で、また物質的ケアを超える態度的ケアを可能にするものとして「互いによく知っており、一個の人格としてお互いに関心を寄せており、歴史を共有している」こと、別の箇所では「親密性」と言い換えている点で、親密な関係性の中で行なわれる配慮や支援として、ケアを定義していると解釈できる［Brake, 2012=2019:146］。これを狭義のケア（親密性）論と呼んでおこう。

この点、一般に親密性とは、相互行為の歴史からなる互いの具体的情報の共有としての関係の近しさとして定義され、従来は恋愛的・性的に定義されてきた親密な関係性を抽象化した概念である。たとえば、A・ギデンズは、親密性をセクシュアリティの変容とロマンティックラブとの関係で「対等な人間どうしによる人格的きずなの交流」［Giddens, 1992= 1995: 14］として対等性と交流から定義しているほか、ギデンズの批判者の一人であるL・ジェミソンは「人々の間の近しさの質と、それを構築する過程」と定義し「親密な関係は性的である必要はなく、身体的・性的接触は親密性なしでも生じうる」ものとして定義している［Jamieson, 2011: 1.1］。また、筒井淳也は、経済学的・操作的なアプローチから「複数の人間が互いの情報を共有し合っており、かつ、一定の相互行為の蓄積がある状態」と定義し、やはり性関係に限られないことに注意を促している［筒井 2008: 11］。ここでの親密性（intimacy）は、語感としての「親しさ・仲の良さ」というよりも関係の「近しさ」や「具体性」のことであり、疎遠さ（alienation）や匿名性（anonimity）と対置され、最狭義のケア（世話）ほど限定的ではないものの、具体的な知識を共有していないか、相互行為の歴史を持たない関係を除外できる程度には限定されたものである。

その意味で、狭義のケア（親密性）論に立つブレイクは、依存者への非互酬的で非対称なケア（世話）と、一定程度互酬的で対称な成人間の対称的なケア（親密性）とを、その正当化根拠からは連続的に捉えようとする。たとえばブレイクは、「依存者と非依存者には重なり合う部分もある。子どもが成長し、大人が年をとったり病気になったとき、その関係は依存から非依存に転じたり、非依存から依存に転じたりする。（中略）依存とは関わらないケア関係に対する国家の支援は、依存に関わるケア関係に対する国家の支援と連続的なものなのである」として、両者の連続性を強調している［Brake, 2012= 2019: 295］。

しかし同時に、最狭義のケア（世話）に対する制度的枠組みとは独立した、狭義のケア（親密性）に対する制度的枠組みとして、ブレイクは最小結婚を提唱する。すなわち、「私の主眼は、依存者への物質的なケア提供とは関係ない、成人間のケア関係にある」［Brake, 2012= 2019: 293］のであり、「最小結婚は、依存の枠組みではなく、むしろ、依存者に対する物質的ケア提供とは必ずしも関連しない（関連することもありうるわけだが）、成人間のケア関係のための枠組みである」として、注意を促している［Brake, 2012= 2019: 294-5］。その理由は、「結婚は、自分たちの関係の重要性を示し、法的資格へのアクセスを獲得し、そしてコミットメントに対する法的かつ社会的な防波堤を設けることを、パートナーたちに可能にする。成人間の関係における善を支持することは、子育てを支援するのとは異なる政策を要請する」［Brake, 2012= 2019: 255］からである。

（3）広義のケア（関係的相互行為）論――相互行為の理想としてのケア

最後に、最狭義（世話）と狭義（親密性）を含みつつ、さらに広く人間同士のあらゆる相互作用のあり方全般もまた「ケア」として概念化されており、これを広義のケア（関係的相互行為）論と呼んでおく。たとえば、M・メイヤロフは、看護ケアを念頭に置きつつ、ケアを「一人の人格をケアするとは、最も深い意味で、その人が成長すること、自己実現することをたすけることである」と定義したうえで、親による子どもの養育的ケアから、教師による生徒・学生の教育的ケア、自分自身のケアから、アイデアのケアに至るまで、かなり広範囲に拡張していく［Mayeroff, 1971＝1987: 13］。また、N・ノディングスは、「ケアリングの関係性は、その最も基本的な形において、二人の人間、つまりケアする者とケアされる者との間のつながり、あるいは出会いである」［Noddings, 1992＝2007: 42］として、両者の貢献が必要な人間の相互行為を原型として想定する。(5) さらに、B・フィッシャーとJ・トロントは、ケアの最も広範な定義として「わたしたちが『世界』を維持し、持続させ、修復するためになしうるすべてを含む、人類の活動」としている［Fisher and Tronto, 1990:40, 岡野訳（2012: 152）を参照］。

それゆえ、広義のケア（関係的相互行為）論は、依存者のケア（世話）や近しい人間関係におけるケア（親密性）から出発しながらも、それを超えてあらゆる相互作用を射程に収める広範なものである点に困難を抱えている。たとえば、トロントは自らの広範なケア定義を引きながら、「こうした定義を聞くと、みなさんはちょっと驚かれます。つまり、あまりにも広い定義だからです。この定義からすれば、わたしたちがしていることはなんでも、ほとんどケアに関係するかのようです。しかし、それが真実なのです」とある意味で開き直る⑥（[Tronto, 2015=2020: 25] 傍線引用者）。これに対して、ケア概念を拡張しすぎることの危険も指摘されている。たとえば、上野千鶴子はM・メイヤロフに始まる日本のケア概念の受容を批判的に検討するなかで、「他者の『生』を支えようとする働きかけの総称」[三井 2004:2] というケア定義を引き、「この程度の漠然とした定義では、ほとんどありとあらゆる人間活動がそれに含まれてしまうために、分析的にはなんの役にも立たない」と難じている⑦ [上野 2011: 39]。

しかし、広義のケア（関係的相互行為）論が、ケアとケアでないものを分けられないという意味で分析概念として有用でないとしても、その意義が失われるわけではない。こうした広義のケア（関係的相互行為）論は、いわば世界全体を「ケア」という視点から再構成しようという試みの総称であり、当初のギリガンの問題意識を引き継ぐように、道徳的判断に関わる具体性・個別性・関係性という「もうひとつの声」を置き去りにすることで、客観性・中立性・一般性を標榜してきた従来の道徳哲学や近代科学を、ひいては社会の在り方そのものを批判するという最も根底的・急進的（ラディカル）な指向を維持しているからである。たとえば、フェミニスト政治思想を専門とする岡野八代は「ケアする民主主義の出発点は、これまでの民主主義が前提としてきた人間観を変革し、つねにすでに依存関係に巻き込まれ、他者に依存するがゆえに傷つきやすく、誰もがケアの受け手となり、誰かがケアを提供しなければならない、私たちの現実である」と述べている [岡野 2012: 116-7]。

以上のように、ケア論を、その限定性から最狭義のケア（世話）、狭義のケア（親密性）、広義のケア（関係的相互行為）という三つに分類して検討した。具体的には、ギリガンの問題提起に始まるケアの

表4　ケア概念の分類

	補助的な訳語	定義の軸	相互関係	規範的含意の根拠
最狭義	世話	依存	片務的	依存の基底性
狭義	親密性	歴史・情報の共有	互酬的	万能財としてのケア
広義	関係的相互行為	—	—	ケアの基底性

議論が広がりを持つ中で、社会における依存状態を観念したうえでその補完としてケアを狭く定義する狭義のケア（世話）論、そうした規範的含意を離れてより広く人々の関係の近しさを情報と歴史の共有から定義する広義のケア（親密性）論、さらに、人間のあらゆる相互行為をケアとして広く措定する広義のケア（関係的相互行為）論の三つである（表4）。こうした整理からは、ブレイクは依存者のケア（世話）と成人間のケア（親密性）を連続的に正当化可能なものとして提示しつつも、制度的には「依存の枠組み」と「結婚の枠組み」を切断し、とりわけ「結婚の枠組み」を性愛規範性から切り離して成人間のケア（親密性）関係が独自に持つ価値から再編を試みていることが分かる。これらの位相はすべて関連しあっており、すべてが重要な含意を持っているものの、本稿との関連で第一と第二のケア論に議論を集中したい。

3　最小結婚による非性愛関係の制度的支援

最後に、ここまでで整理した概念を利用して、最狭義のケア（世話）と狭義のケア（親密性）を連続的に捉えながらも、「依存の枠組み」と「成人間のケア（親密性）の枠組み」を制度的に切断しようとする最小結婚が、非性愛的親密性の制度的承認・支援に対してどのようなインパクトを持つのかを検討していく。

(1) 依存者のケア（世話）を共同で担う成人間のケア（親密性）関係

第一のインパクトは、従来の婚姻制度によっては、性愛関係と伴侶性を欠くために制度的支援の対象とならなかった、現に依存者のケア（世話）を共同で担う成人間のケア（親密性）関係が、新たに制度的支援の対象となることである。たとえば、レズビアン・マザー二人による子育てのみならず、同性カップルに精子提供者を加えた三人の子育てや、レズビアン＋ゲイカップル四人による共同の子育て、さらにまた、ひとり親とその子育てを支える両親（祖父母）、障碍を持った成人とそれを介助する兄弟姉妹など、ケア（世話）を共同で担う成人間のケア（親密性）関係であれば、その関係性や、人数、期間に関わらず、直接に制度的支援の対象となる。ブレイクは制度の詳細を描いているわけではないが、里親制度やグループホームなど家族的小規模ケア（世話）を支援する制度は全て「依存の枠組み」を通じて最小結婚に組み込まれることになるだろう。

確かに、こうした成人間のケア（親密性）関係は、「依存の枠組み」に基づく依存者のケア（世話）によっても制度的支援の対象となるかもしれないが、ケア（世話）を担うことの反射としてではなく、ケア（世話）を共同で行なう成人間のケア（親密性）関係それ自体が制度的に位置づけられ、明確に価値づけられ、直接に承認と支援の対象となることは重要である。たとえば、ファインマンの「依存の枠組み」において、依存のケアを共に担う成人間のケア（親密性）関係は、あくまで集合的に依存のケア（世話）を担う「養育家族単位（nurturing family unit）」として、従来の家族が持っていたプライバシー権と請求権を国家に対して持つにとどまる［Fineman, 1995= 2003: 249］。これに加えて、共同でケア（世話）を担う成人間のケア（親密性）関係は、最小結婚によって細分化・断片化された権利義務を自在に設定可能になることを通じて、より良くケア（世話）を担うことが可能になる。

ただし、ブレイクは詳細に述べていないものの、依存者のケア（世話）を共同で担う成人間のケア（親密性）関係に対する支援は、「依存の枠組み」に重なる限りにおいて追加の制約に服することになるだろう。すなわち、共同で介護や子育てを担う場合には、ケア（世話）の性質に応じた一定程度の安全性・継続性・安定性を担保するために、権利の性質に応じて一般的に最小結婚が負う最低限の制約よりも強い制限に服する可能性がある。たとえば、犯罪歴がないことが条件になったり、短期的な離脱の自由が制限されたり、人数の上限が定められたりする可能性もあり、特に「依存の枠組み」を通じた公的な経済支援が伴う場合には、一層強い制約が課されることになるだろう［Brake, 2012= 2019: 276-279 を参照］。

（2）依存者のケア（世話）を担わない成人間のケア（親密性）関係

第二のインパクトは、たとえ性愛関係・伴侶性なしでも、さらには日常的に依存者のケア（世話）を共同で担っているとは言えなくとも、成人間のケア（親密性）関係それ自体が制度的承認・支援の対象となることである。この点、現行の婚姻制度の下では、結婚を通じてしか得られない承認や支援が存在しており、このことが性愛関係にあるカップルを結婚へと駆り立てる要因にもなっていた。たとえば、同性婚が求められていた背景には、同性カップルが結婚から排除されているがゆえに、異性愛者であれば結婚を通じて得られたはずの相続や福利厚生、意思決定の代理をめぐる法的地位や権利義務が得られない（配偶者として親から地位を奪えない）ことが問題になっていた。これに対して、最小結婚においては、異性愛関係にも性愛関係にもなくとも、三人以上であっても、一時的であっても、重複しても、依存者のケアを共同で担っているわけではなくても、ケア（親密性）関係として承認と支援を得ることが可能になる。具体的には、相続権や意思決定の代理権などケア（親密性）関係における法的地位の任意設定（たとえば、企業が提供する福利厚生の受益者を指定したり、シェアハウスの仲間に居住権を相続させたり、信頼できる友人に医療上の判断を委ねたりできる）を通じて、現在のケア（親密性）関係をより確かな、より継続的なものへと育むことを助けてくれる。ブレイクがいうように、最小結婚の核心は、従来の結婚制度では制度的支援の対象となり得なかった成人間のケア（親密性）関係を支える、この第二のインパクトにあるからである。

加えて、最小結婚は、結婚の権利義務を部分的・一時的なものとして設定できるという点においても、ケア（親密性）関係を紡ぐ能力を将来に向けて段階的に育み・発展させる役割を担うものになりうると考えられる。たとえば、ある若者は、学生時代の友人四人との間で世界一周旅行に向けた貯金のための共同の銀行口座開設しようとして、最小結婚の一部を設定するかもしれない。彼は、首尾よく旅行を成功させ、その成功体験をもとに、そのうちの二人と共同生活をはじめ、シェアメイトとの間での住宅ローンの支払いと持ち分の相続に関して、最小結婚の一部を設定するかもしれない。そうした暮らしを経て、そのうちの最も信頼できる一人に、万一の場合の医療上の意思決定権に関する地位を、最小結婚の一部として設定するかもしれない。こうした実践は、私たちが友人を全面的にでなくとも部分的に信頼し、永続的にでなくとも一時的に権利義務を委ね、失敗すれば設定しなおすことを繰り返しながら、その都度の友人関係の維持・発展に資するだけでなく、より広く友人関係を維持・発展させる自らの能力を発達させることにも資するものである。この点、従来の婚姻制度は、配偶者に対する排他的で完全で永続的な権利義務を設定することしかできなかったために、結婚に際して完全な他人から完全な家族への制度的跳躍を強いるものであった。これに対して、最小結婚は権利義務の「完全パッケージ」を強制しないことで、様々なケア（親密性）関係が、様々な権利義務や法的地位を個別かつ任意に設定できること通じて、従来の結婚から排除されていた非性愛的親密性のみならず、従来の結婚の不便を強いられていた異性愛者や同性愛者にとっても、互いの関係を育むための足掛かりとなる。さらにまた、仮に最小結婚が制度化されたとしても、少なくとも当面の間は、異性愛者と同性愛者の多くは、従来同様一人の相手と包括的で排他的で永続的な完全パッケージとしての結婚の権利義務を取り交わしたいと望むかもしれない。その場合であっても、性愛関係にある二人が、手始めに部分的・断片的・期限付きの権利義務を選択的に取り交わすことを可能にする。結果として、それが性愛的なものであれ非性愛的なものであれ、多様なケア（親密性）関係を紡ぐための段階的・試験的訓練機会を与えることを通じて、性愛的親密性と非性愛的親密性の境界を曖昧にしていくことも考えられる[8]。

（3）成人間のケア（親密性）関係と依存者のケア（世話）関係の連続性

第三のインパクトは、大枠において非依存者同士のケア（親密性）関係であっても、一時的・中期的にケア（世話）が必要になる場面があるため、両者を連続的に捉えられるようになる点である。たとえば、シェアハウスのようなケア（親密性）関係において、居住者が一時的に病気になることは当然ありうるが、こうした一時的な依存状態をケア（世話）することは、共同生活関係という日常的なケア（親密性）関係の中で、すなわち、相互の個別的な知識と、相互行為の歴史の中でより良くより効率的にケア（世話）しうる。この点、ブレイクは成人であっても時に必要とする物質的ケアのニーズについて、「有償のケア提供がこのニーズを満たすことはできるものの、理論上は匿名の有償ケア提供によって遂行されうる物質的ケア提供の職務は、しばしばケアを受け入れる人についての詳細な知識があったほうがよりよくなされるものであるし、緊急を要しない援助はケア関係から生じる関心に基づく行動によってなされやすいものである」と述べている［Brake, 2012= 2019: 293］。もちろん、「依存の枠組み」を通じて、公費によって医療機関から医師と看護師が派遣されて治療にあたる方が適切で安全な場合もあるが、おそらくそこに至らない体調不良といった軽度で一時的な依存のケア（世話）が、同居であれ非同居であれ既存のケア（親密性）関係の内部でひとまず受け止め得るとしたら、ある確率で重度で長期的な依存に陥ることを予防し得る意味でも重要である。あるいはまた、十分に体の利く高齢者同士のグループリビングといったケア（親密性）関係の中でも、やがては誰かが身体や認知機能の衰えなどから依存状態へと移行し、ケア（世話）を必要とすることになる。その時、最終的には高齢者施設や医療施設でなければ暮らしが立ち行かなくなる日が訪れるとしても、いち早く異変に気付くことができたり、突発的な事故に際して救急医療を手配することができたりするのは、平時からのケア（親密性）関係である。もし、次第に比重を増していくケア（世話）の要素を、それまで長く生活してきたケア（親密性）関係のなかで、他の居住者が望む範囲で、十分な公的支援を活用しながら受け止めることができるならば、それは居住者にとっても当事者にとっても意味のあることだろう。

この点で、最小結婚が持つ狭義のケア（親密性）と最狭義のケア（世話）の連続性は、逆説的だが、従来の異性愛主義的結婚が家族の内部に想定していた「狭義のケア（親密性）の中で最狭義のケア（世話）が連続的に担われることの利点」を、十分に抽象化したうえで部分的に継承しているものとも評価できる。すなわち、「結婚しないと一生一人で寂しい」「結婚しなければ将来誰がケアしてくれるのか」という恫喝は、それが性愛規範的な結婚への強力な強制として働いていたことは疑いないとしても、ケア（世話）が必要になったとき、ケア（親密性）関係の中でこそ最も良いケア（世話）を受けられるという洞察と期待を含んでもいた。もちろん、専門家にしかなしえない高度なケア（世話）があり、また、「安心して一人でも介護を受けられる」「公的支援を通じて安心して一人でも死ねる」ための制度や施設の充実は「依存の枠組み」が要請する最低ラインの保障として不可欠なものである。しかし、それを前提としたうえでもなお、親しい友人を足繁く見舞えることを、大切な人の間で看取られる最期を、私たちはできれば望ましいと考えるかもしれない。こうした非性愛的親密性ともかかわる二つのケアの現実的連続性を捉えられることが、最小結婚の重要な含意であるといえる。

おわりに

以上のように、最小結婚は、従来結婚制度において異性愛関係に限定されそれゆえ異性愛的「完全パッケージ」として一括りに扱われてきた様々な権利義務を、異性愛であれ同性愛であれ、非性愛的親密性であれ、それがもし自分たちの親密な（ケア）関係の維持・発展に資するならば、分割して、部分的に、重複して、一時的に自分たちで引き受けることを可能にするものである。

ときに、切り取られた断片的で一時的な権利義務の切れ端を見て、私たちはそれがもともと「結婚」と呼ばれたものの一部であったようには思えないかもしれない。しかし、それは時に私たちがケア（世話）を必要とする依存的な立場に立つとしても、たまたま立たないとしても、それを支え得るケア（親密性）関係の網の目を紡ぎ繕うための重要な基盤である。あまりに断片的であるがゆえに、それがもともと「結婚」と呼ばれたものの一部であったとは思えないとしても、かつて異性愛的結婚の中で目指された、「ケア（世話）を支え得るケア（親密性）」それ自体の価値を承認し、維持・発展させるための基盤であり、非異性愛的親密性にとって「かつて結婚と呼ばれたものへの自由」の極めて重要な第一段階なのである。

〈付記〉本稿は、一橋大学ジェンダー研究所特別講演会「性愛規範と最小の結婚」(二〇二一年十月六日)の報告原稿を大幅に加筆修正したものである。本稿は、その時にフロア、ならびに佐藤文香先生からいただいた批判とコメントに多くを負っている。なお、報告時には、ケア概念の整理として狭義と広義の二分類を用いていたが、本稿では三分類に改めている。

〈注〉

(1) 日本のセックスレス現象の特殊性については、西欧との比較を行なっているパッハー[2022]を参照。

(2)「性愛規範性」という訳語の選択をめぐって、アロマンティック・コミュニティの一部から批判を頂いた[Ace, 2020]が、これもここでいうamatonormativityの中にどの程度、性規範を読み込むかが関わっていると思われる。アロマンティックの立場から、性とは無関係に恋愛を規範化・特権化する社会規範の側面を強調するのは当然だとしても、現代社会における婚姻制度の背後に「性と無関係な形で恋愛が規範化・特権化されている」とまでいえるかは別の問題である。

(3) こうした観点から、amatonormativityに「恋愛伴侶規範(性)」[Ace, 2020; 岡田 2022]という訳語を当てることも十分に納得できるものである。ただし、第二刷の訳者解説でも付記したように、異性愛規範性概念にも含まれていた伴侶性批判との連続性[Brake, 2012=2019:157-8]と、上述した性規範の含意の後退という難点もある。また、性愛的ではないが、伴侶性を備えるがゆえに、従来の婚姻制度が利用可能な「友情結婚」については、久保田[2022]を参照。

(4) こうした依存の相対的な客観性・個人性は、依存が社会的・集合的な問題であることと矛盾するわけではなく、何が依存かは時代や文化によって異なるという意味で、社会に開かれている。たとえば、キテイはファインマンが依存を素朴に生物学的特性と結びつけていることに注意を促しながらも、「生存や成長のために依存が必ず必要となるライフヒストリー段階を同定することは可能」として、社会的環境および生物学的要素から「最も顕著な形態の依存」について論じるとしている［Kittay, 1999=2010:81-82］。

（5）Ｎ・ノディングスの教育論においては、自己のケア、仲間のケア、見知らぬ／遠く離れた他者のケア、動植物や地球のケア、人工物のケア、最終的には理念のケアに至るまで、対象が人間であることも、応答可能性をも超えて拡散していく［Noddings, 1992=2007］。

（6）もっとも、トロントはケアを広範に定義したうえで、ケアを良く行ない得るための条件として、①関心を向けること（caring for）、②配慮すること（caring about）、③ケアを提供すること（caregiving）、④ケアを受け取ること（care-receiving）という四つの局面に加えて、⑤ケアを共にすることを民主主義の新しい理念として提示している［Tronto, 2015=2020:27-38］。

（7）広義のケア（関係的相互行為）論に近い立場を採用する教育哲学者Ｊ・マーティンは、政治や消費においてケアという言葉が安く使われることを念頭に、「ケアにスローガンの地位を与え、その中身を空虚なものにすることによって、ケアを腐敗させてしまうかもしれないというのは確かに一つの危険ではある」と認めている［Martin, 1992=2007:218］。

（8）結婚の「完全パッケージ」を放棄することで可能になるこうした「親密な関係の段階性」という視座については、たとえばフランスのＰＡＣＳが同性カップルにとって不十分な結婚であっただけでなく、異性カップルにとって結婚への階梯になっていたことなどを論じた久保田［2018］を参照。

〈参考文献〉

上野千鶴子 2011『ケアの社会学——当事者主権の福祉社会へ』太田出版。

岡田玖美子 2022 「〈恋愛伴侶規範〉の限界と新たな関係性構築の可能性――婚外恋愛ドラマ『昼顔』のヒットからみえるもの」牟田和恵編『フェミニズム・ジェンダー研究の挑戦――オルタナティブな社会の構想』松香堂書店、五九か～七一頁。
岡野八代 2012 『フェミニズムの政治学――ケアの倫理をグローバル社会へ』みすず書房。
久保田裕之 2009 「若者の自立／自律と共同性の創造―シェアハウジング」『家族を超える社会学』新曜社、一〇四～一三六頁。
―――― 2018 「パートナーシップの多様性と段階性――同性パートナー制度の家族論的意義」『都市社会研究』10、五七～七二頁。
―――― 2022 「友情結婚と性愛規範――日本における仲介事業者の調査から」牟田和恵編『フェミニズム・ジェンダー研究の挑戦：オルタナティブな社会の構想』松香堂書店、四四～五八頁。
小谷部育子 1997 『コレクティブハウジングの勧め』丸善。
西條節子 2000 『高齢者グループリビング『COCO湘南台』――10人10色の虹のマーチ』生活思想社。
棚村政行・中川重徳編 2016 『同性パートナーシップ制度――世界の動向・日本の自治体における導入の実際と展望』日本加除出版。
筒井淳也 2008 『親密性の社会学――縮小する家族のゆくえ』世界思想社。
パッハー、アリス 2022 『したいけど、めんどくさい――日本のセックスレス現象を社会学する』晃洋書房。
深海菊絵 2015 『ポリアモリー――複数の愛を生きる』平凡社。
三井さよ 2004 『ケアの社会学――臨床現場との対話』勁草書房。
山田昌弘 2007 『「婚活」時代』ディスカヴァー・トゥエンティワン。
善積京子 1997 『〈近代家族〉を超える――非法律婚カップルの声』青木書店。

Brake, Elizabeth, 2012, *Minimizing Marriage: Marriage, morality and the Law*, Oxford University Press.（＝2019, 久保田裕之監訳『最小の結婚——結婚をめぐる法と道徳』白澤社）

Chambers, Deborah.,1999, *New Social Ties: Contemporary Connections in a Fragmented Society*, Palgrave Macmillan.（＝2015, 辻大介・久保田裕之・東園子・藤田智博訳『友情化する社会』岩波書店）

Chasin, C. D., 2011, "Theoretical issues in the study of asexuality.", *Archives of Sexual Behaviour*, 40(4):713?723.

Daly, Mary., ed, 2001, *Care Work: The Quest for Security*, International Labour Office.

Gilligan, Carol., 1982, *In a different voice: psychological theory and women's development*. Cambridge, Massachusetts: Harvard University Press.（＝1986, 岩男寿美子監訳『もうひとつの声——男女の道徳観のちがいと女性のアイデンティティ』川島書店）

Fineman, M. A., 1995, *The Neutered Mother, The Sexual Family and Other Twentieth Century Tragedies*, Routledge.（＝2003, 上野千鶴子監訳、速水葉子・穐田信子訳『「家族」積み過ぎた方舟——ポスト平等主義のフェミニズム法理論』学陽書房）

——— 2004, *The Autonomy Myth: A Theory of Dependency*, The New Press.（＝2009, 穐田信子・速水葉子訳『ケアの絆——自律神話を超えて』岩波書店）

Fisher, Berenice and Johan Tronto., 1990, "Towards a Feminist Theory of Care," in eds. by M. Nelson and E. Abel, *Circles of Care*, State University of New York Press.

Giddens, A., 1992, *The Transformation of Intimacy: Sexuality, Love and Eroticizm in Modern Societies*, Polity Press.（＝1995, 松尾精文・松川昭子訳『親密性の変容——近代社会におけるセクシュアリティ・愛情・エロティシズム』而立書房）

Jamieson, Lynn., 2011, "Intimacy as a Concept: Explaining Social Change in the Context of Globalisation or Another Form of

Ethnocentricism?", Sociological Research Online,16 (4) 15. <http://www.socresonline.org.uk/16/4/15.html>

Kittay, E. F., 1999, *Love's Labor: Essays on Women, Equality, and Dependency*, Routledge.（= 2010, 岡野八代・牟田和恵監訳『愛の労働あるいは依存とケアの正義論』白澤社）

Martin, Jane R.,1992, *The Schoolhome: Rethinking Schools for Changing Families.*, Harvard University Press.（= 2007, 生田久美子監訳『スクール・ホーム――〈ケア〉する学校』東京大学出版会）

Mayeroff, Milton, 1971, On Caring, Harpercollins Publishers（= 1987, 田村真・向野宣之訳『ケアの本質』ゆみる出版）

Noddings, Nel., 1992, *The Challenge to Care in Schools: An Alternative Approach to Education. Advances in Contemporary Educational Thought series*, vol. 8.: Teachers College Press.（= 2007, 佐藤学監訳『学校におけるケアの挑戦――もう一つの教育を求めて』ゆみる出版）

Tronto, J., 2015, *Who Cares?: How to Reshape a Democratic Politics*, Cornell University Press.（= 2020, 岡野八代訳「ケアするのは誰か？――いかに、民主主義を再編するか」ジョアン・トロント著、岡野八代訳・著『ケアするのは誰か？――新しい民主主義の形へ』白澤社、一九～八二頁）

〈ブログ記事（Note）〉

Ace, 2020（更新）「恋愛伴侶規範（amatonormativity）とは」夜のそら：Aセク情報室（https://note.com/asexualnight/n/ndb5d61122c96#143W3）（二〇二二年四月十三日最終アクセス）

志田 哲之（しだ てつゆき） **（第５章）**

1971 年生まれ。早稲田大学人間科学学術院教員。社会学専攻（セクシュアリティ研究、ジェンダー研究、家族研究）。

最近の論文として「忘れられた欲望と生存――同性婚がおきざりにするもの」菊地夏野・堀江有里・飯野由里子編著『クィア・スタディーズをひらく２　結婚，労働，家族』（晃洋書房）、「オープン・リレーションシップの可能性」綾部六郎・池田弘乃編著『クィアと法　性規範の解放／解放のために』（日本評論社）など。

阪井 裕一郎（さかい ゆういちろう） **（第６章）**

1981 年生まれ。大妻女子大学人間関係学部准教授。慶應義塾大学大学院社会学研究科後期博士課程単位取得退学。博士（社会学）。専門は家族社会学。

主な著書に、『仲人の近代――見合い結婚の歴史社会学』（青弓社）、『改訂新版 事実婚と夫婦別姓の社会学』（白澤社）、『社会学と社会システム』（共著、ミネルヴァ書房）、『入門家族社会学』（共著、新泉社）、『境界を生きるシングルたち』（共著、人文書院）など。翻訳書に、エリザベス・ブレイク『最小の結婚――結婚をめぐる法と道徳』（共訳、白澤社）。

久保田 裕之（くぼた ひろゆき） **（第７章）**

1976 年生まれ。日本大学文理学部社会学科教授。家族社会学、福祉社会学、政治哲学。

著書に、『他人と暮らす若者たち』（集英社新書）、『家族を超える社会学――新たな生の基盤を求めて』（共著、新曜社）。訳書に、スーザン・オーキン『正義・ジェンダー・家族』（共訳、岩波書店）、エヴァ・キテイ『愛の労働あるいは依存とケアの正義論』（共訳、白澤社）、エリザベス・ブレイク『最小の結婚――結婚をめぐる法と道徳』（監訳、白澤社）など。関連する論文として、「家族福祉論の解体――家族／個人の政策単位論争を超えて」『社会政策』2011, 3(1):113-123. など。

《著者紹介(執筆順)》　　(執筆章)

植村 恒一郎（うえむら つねいちろう）　　**(第1章)**

1951年生まれ。群馬県立女子大学名誉教授。西洋近代哲学、時間論、ジェンダー論。

著書に『時間の本性』（勁草書房、第15回〔2002年度〕和辻哲郎文化賞受賞）、訳書にカント『視霊者の夢』（岩波版・カント全集・第3巻）、論文に「〈永遠の今〉としてのエロス――キルケゴールと西田幾多郎の愛の理論」『哲学雑誌』2021年808号、「人間の身体の美しさについて―― バーク、カント、そしてシラーへ」『群馬県立女子大学紀要』2019年40号、「美と自由についての省察（1）――シェイクスピア『十二夜』の場合」『群馬県立女子大学紀要』2001年22号。

横田 祐美子（よこた ゆみこ）　　**(第2章)**

1987年生まれ。立命館大学衣笠総合研究機構助教。専門は現代フランス哲学、エクリチュール・フェミニン、表象文化論。

単著に『脱ぎ去りの思考――バタイユにおける思考のエロティシズム』（人文書院）、共著に『レヴィナス読本』（担当章「レヴィナスとフェミニズム」、レヴィナス協会編、法政大学出版局）、論考に「セリーヌ・シアマのエレメント」（『ユリイカ』2022年10月号、青土社）、共訳書にカトリーヌ・マラブー『抹消された快楽――クリトリスと思考』（法政大学出版局）など。

深海 菊絵（ふかみ きくえ）　　**(第3章)**

1980年生まれ。日本学術振興会特別研究員（RPD）。専攻は文化人類学。

主な著書または論文に『ポリアモリー　複数の愛を生きる』（平凡社新書）、「性愛：他者と向き合う」『文化人類学のエッセンス――世界をみる／変える』（春日直樹・竹沢尚一郎 編、有斐閣アルマ）、「性愛のポリティクス：米国南カリフォルニアのポリアモリー社会を事例に」『官能の人類学――感覚論的転回を越えて』（石井美保・岩谷彩子ほか編、ナカニシヤ出版）など。

岡野 八代（おかの やよ）　　**(第4章)**

1967年生まれ。同志社大学大学院グローバル・スタディーズ研究科教授。専攻は西洋政治思想、フェミニズム理論。

主な著書に『フェミニズムの政治学――ケアの倫理をグローバル社会へ』（みすず書房）、『戦争に抗する――ケアの倫理と平和の構想』（岩波書店）、『ケアするのは誰か？――新しい民主主義のかたちへ』（ジョアン・C・トロントとの共著、白澤社）など。訳書にエヴァ・キテイ『愛の労働あるいは依存とケアの正義論』（共監訳、白澤社）、アイリス・ヤング『正義への責任』（共訳、岩波書店）、ケア・コレクティヴ『ケア宣言――相互依存の政治へ』（共訳、大月書店）など。

結婚《けっこん》の自由《じゆう》——「最小《さいしょう》結婚《けっこん》」から考《かんが》える

2022年11月22日　第一版第一刷発行

著　者　植村恒一郎、横田祐美子、深海菊絵、岡野八代、
　　　　志田哲之、阪井裕一郎、久保田裕之

発行者　吉田朋子

発　行　有限会社 白澤社《はくたくしゃ》
　　　　〒112-0014　東京都文京区関口1-29-6　松崎ビル2F
　　　　電話 03-5155-2615 ／ FAX 03-5155-2616 ／ E-mail : hakutaku@nifty.com
　　　　https://hakutakusha.co.jp/

発　売　株式会社 現代書館
　　　　〒102-0072　東京都千代田区飯田橋3-2-5
　　　　電話　03-3221-1321㈹／ FAX　03-3262-5906

装　幀　装丁屋 KICHIBE
印　刷　モリモト印刷株式会社
用　紙　株式会社市瀬
製　本　鶴亀製本株式会社

ISBN978-4-7684-7991-9